Thomas Frauenknecht, Heinrich Kohl, Josef Moser, Josef Troidl

unter Bearbeitung von
Andreas Stengel und Gregor Walther

# navi
# Arbeitslehre – Mittelstufe

1. Auflage

Bestellnummer 26791

Bildungsverlag EINS

# Vorwort

Liebe Schülerinnen und Schüler,

das Fach Arbeitslehre beschäftigt sich mit der Arbeit des Menschen. Menschen arbeiten auf verschiedene Arten und Weisen. Auch du arbeitest. Es kann sein, dass du zu Hause verschiedene Tätigkeiten machen musst, jedoch führst du zurzeit deine Hauptarbeit in der Schule aus. Sie hat das Ziel, dich auf dein weiteres Leben vorzubereiten, dir Chancen zu eröffnen, einen Beruf oder Arbeitsplatz zu bekommen und dir Hilfen für dein Leben zu geben.

Es könnte sein, dass du jetzt denkst, dass es doch noch viel zu früh ist, sich mit diesen Themen zu beschäftigen. Aber überlege einmal: Du musst essen, du musst gekleidet werden, du musst ein Zimmer haben und vieles mehr. Diese Bedürfnisse zu befriedigen ist nicht immer selbstverständlich. Entweder verdient jemand Geld für dich oder du musst es verdienen. Zurzeit machen dies wahrscheinlich deine Eltern für dich. Sie arbeiten und verdienen Geld. Wie du siehst, spielt Arbeit eine wichtige Rolle im Leben. Damit du diese Bedeutung von Arbeit und die Zusammenhänge von der Arbeits- und Wirtschaftswelt erkennst, gibt es das Fach Arbeitslehre. Du erfährst hier, wie Bedürfnisse geweckt werden, welche unterschiedlichen Berufe es gibt, welche Anforderungen daran gestellt sind, welche handwerklichen Fähigkeiten und Fertigkeiten du benötigst, um sie auszuführen, welche Rechte und Pflichten du hast und welche Möglichkeiten du hast, deinen Lebensalltag gut zu meistern. Durch diese Erfahrungen werden dir technische, ökonomische und sozioökologische Zusammenhänge deutlich. Diese Erkenntnisse werden dir wichtige Hilfen für dein weiteres Leben sein.

Dabei sollen dir die Bücher „Arbeitslehre Mittelstufe“ und „Arbeitslehre Oberstufe“ helfen. Beide sind in gleicher Art und Weise gegliedert. Sie sind keine reinen Lehrbücher, sondern sie fordern deine Aktivität, sowohl im praktischen als auch im theoretischen Bereich. Die Seiten beginnen in der Regel mit einem Bild, das zum Problem hinführt. Dazu gibt es oftmals eine kurze Erklärung. Die dann folgenden Merksätze solltest du dir gut einprägen. Die unten aufgeführten Arbeitsaufträge dienen dazu, den Inhalt praktisch zu vertiefen. Am Ende des Kapitels verdeutlicht eine Ablaufskizze den inhaltlichten Schwerpunkt. Das aufgezeigte Produkt ist nur ein Beispielprodukt. Du kannst anhand der Ablaufskizze verschiedene Produkte herstellen, die sich jedoch inhaltlich in ihr wiederfinden müssen.

**www.bildungsverlag1.de**

Bildungsverlag EINS
Sieglarer Straße 2, 53842 Troisdorf

ISBN 978-3-427-**26791**-1

# Inhaltsverzeichnis

# Inhaltsverzeichnis

# Inhaltsverzeichnis

# Inhaltsverzeichnis

# 1 Lernen und arbeiten

# 1 Lernen und arbeiten

## Arbeitslehre – ein neues Fach

„Dieses Fach ist gar nicht so neu“, sagt die Lehrerin Frau Engel zu den Mädchen und Jungen der 5. Jahrgangsstufe. „Ihr habt in der Grundstufe im Sachunterricht nach den Berufen und Arbeitsplätzen eurer Eltern gefragt und Handwerksbetriebe besucht. Euch hat diese Arbeit bestimmt Spaß gemacht.“

*Zu den beliebtesten Betriebserkundungen in der Grundstufe gehört die Bäckerei im Heimatort.*

*Der Besuch einer Schreinerei ist für Kinder immer ein Erlebnis.*

**Merke** **Das Fach Arbeitslehre knüpft an das Wissen über Berufe und über die Arbeit in Betrieben an, das ihr in der Grundstufe erworben habt.**

1. Womit beschäftigen wir uns im Fach Arbeitslehre? Sammle deine Ideen.
2. Was ist dein Traumberuf?
3. Erstelle eine Collage zu deinem Traumberuf (s. Strategie, S. 9). Stelle dieses Bild deiner Klasse vor.

## Strategie: Collagen gestalten

**Merke** **Um Gedanken, Ideen und Wünsche darzustellen, kann man eine Collage erstellen. Eine Collage ist eine Sammlung von Bildern und kurzen Texten zu einem festgelegten Oberthema.**

Bei der Erstellung einer Collage gehst du in der folgenden Reihenfolge vor:

1. Zuerst suchst du in Zeitschriften, Zeitungen, Prospekten, alten Büchern und ggf. im Internet Bilder und Texte, die auf deiner Collage erscheinen sollen.

2. Nun nimmst du dir ein passendes Plakat und schreibst die Überschrift deiner Collage darauf.

3. Jetzt legst du die Bilder und Texte, die du ausgeschnitten hast, auf das Plakat.

4. Wenn du alles sortiert hast, klebst du die Ausschnitte auf das Plakat.

5. Nun kannst du fehlende Texte dazuschreiben bzw. fehlende Bilder dazumalen.

6. Zur Präsentation deiner Ergebnisse kannst du die Collage aufhängen. Anhand der einzelnen Bilder und Texte kannst du deine Gedanken, Ideen und Wünsche beschreiben.

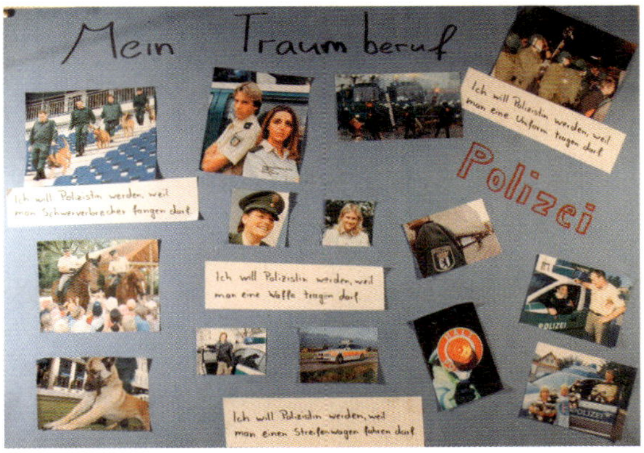

## Inhalte im Fach Arbeitslehre

**Merke**

**Das Fach Arbeitslehre will**
- die Vielfalt der Arbeit, der Berufe und der Betriebe erschließen;
- helfen, mit Geld umzugehen;
- die Einsicht schaffen, dass jeder Beruf ein erfolgreiches Lernen in der Schule voraussetzt;
- zeigen, wie die Technik Arbeit und Freizeit verändert;
- einen Einblick in handwerkliche Tätigkeiten vermitteln;
- Informationen über Dienstleistungen geben;
- den sicheren Umgang mit Werkzeugen und Maschinen einüben;
- Möglichkeiten für die Freizeitgestaltung darstellen;
- Hilfen zur Lebensorientierung bieten;
- den Übergang von der Schule in die Berufswelt begleiten und erleichtern.

1. Diskutiert über die Bilder. Welche Inhalte für das Fach Arbeitslehre könnt ihr erkennen?
2. Im Fach Arbeitslehre lernen wir, wie wir richtig mit Geld umgehen.
   Im Fach Arbeitslehre lernen wir, …
   Schreibe möglichst viele solche Sätze auf.

## Diskussion im Hause Müller

Gern sprechen Frau und Herr Müller beim gemeinsamen Abendessen mit ihren beiden Kindern Claudia und Florian über die Schule. Seit für Florian das neue Fach Arbeitslehre auf dem Stundenplan steht, häufen sich die Diskussionen über das Taschengeld, über die Arbeit im Betrieb und über die Berufswahl. „Lernen ist Arbeit“, liest Florian laut im neuen Schülerbuch.

„So ein Unsinn“, bemerkt Herr Müller. „Lernen ist keine Arbeit, weil du dafür nichts bezahlt bekommst. Die Mama ist als Verkäuferin tätig und ich arbeite als Automechaniker. Für diese Arbeit bekommen wir den Arbeitslohn. Lernen ist die Voraussetzung, dass du später einen Beruf ergreifst und Geld verdienst.“

Claudia lässt diese Aussage nicht gelten. „Papa“, meint sie heftig, „ich gehe täglich von 8:00 bis 13:00 Uhr in die Schule und strenge mich an, um den Abschluss zu schaffen. Am Nachmittag sitze ich bei den Hausaufgaben, büffle Englischwörter, schreibe Berichte oder löse Rechenaufgaben. Das soll alles keine Arbeit sein? Meinst du wirklich, Lernen ist nur eine Spielerei? Ich erbringe eine Arbeitsleistung, genau wie du. Lernen ist Arbeit, auch wenn ich kein Geld dafür bekomme. Mein Lohn ist Wissen.“

Florian ist ganz verwirrt. Einerseits gibt er dem Papa recht, wenn er an das Geldverdienen denkt, andererseits stimmt er Claudia zu, wenn er an seine Mühen mit den Schularbeiten denkt.

**Merke** **Berufsarbeit und Lernen in der Schule haben gemeinsame, aber auch unterschiedliche Merkmale.**

1. Spielt die Szene im Rollenspiel nach.
2. Diskutiert darüber, ob Lernen Arbeit ist.

## Gemeinsame Merkmale von Arbeiten und Lernen

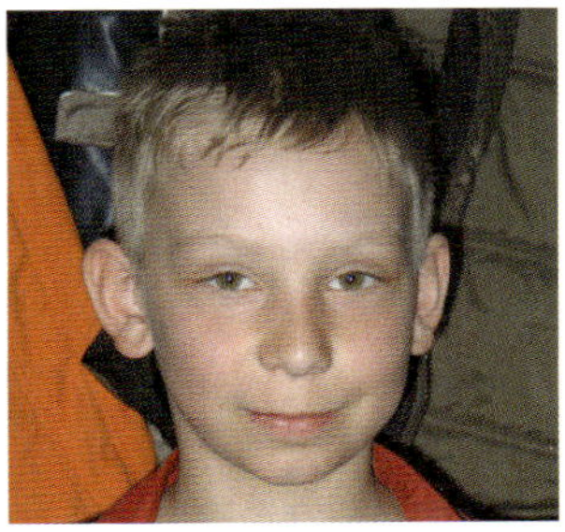

**Forian, Schüler:**
„Wenn ich die Hausaufgaben zügig, richtig und sauber schaffe, erbringe ich eine hohe Arbeitsleistung.“

**Frau Sparling, Lehrerin:**
„Ohne Planung ist erfolgreiches Unterrichten nicht möglich. Arbeit muss zielgerichtet sein und ist geplant.“

**Herr Müller,**
**Kfz-Mechatroniker:**
„Jede Reparatur muss fehlerfrei und in einer festgelegten Zeit geleistet werden. Das ist anstrengend. Der Arbeitsplan lässt ruhige Arbeitsphasen kaum zu.“

**Frau Mayer,**
**Leiterin Supermarkt:**
„Wenn alle Mitarbeiter in meinem Betrieb gut mitarbeiten und einen Teil der Verantwortung übernehmen, sind wir auf Dauer erfolgreich. Nur dann kann ich ihnen den Lohn auszahlen.“

**Merke** **Lernen und Berufsarbeit sind zielgerichtete, planvolle, anstrengende Tätigkeiten. Sie verlangen u. a. Ausdauer, Konzentration, Teamfähigkeit und Kooperationsbereitschaft. Die Qualität der Arbeitsergebnisse und die Zeit, in der die Arbeit bewältigt wird, bestimmen die Lern- und Arbeitsleistung.**

1. Sucht die Gemeinsamkeiten und Unterschiede von Arbeiten und Lernen in den Aussagen heraus.
2. Diskutiert über die Merkmale und findet weitere. Begründet diese.
3. Fragt eure Eltern, welche Merkmale ihnen zum Arbeiten und Lernen einfallen. Ergänzt eure Merkmale.

# 1 Lernen und arbeiten

| Herr Müller<br>Arbeit = bezahlte Tätigkeit = Erwerbsarbeit | Claudia<br>Lernen = unbezahlte Tätigkeit = Arbeit |
| --- | --- |
| **Herr Müller, Kfz-Mechatroniker** | **Claudia, Schülerin** |
| zielgerichtete Arbeit in der Werkstatt | zielgerichtetes Lernen in der Schule und zu Hause |
| Arbeit folgt einem Arbeitsplan. | Lehren/Lernen folgen einem Lehrplan. |
| Arbeit erfordert Anstrengung, Konzentration (Arbeitstugenden). | Lernen erfordert Anstrengung, Konzentration (Arbeitstugenden). |
| Erfolg bei der Arbeit steigert das Selbstempfinden, vermittelt Zufriedenheit, fördert das berufliche Interesse. | Schulischer Erfolg steigert das Selbstvertrauen, vermittelt Freude, weckt Interesse am Unterricht. |
| **Arbeitsleistung** | **Lernleistung** |
| Ziel: Herr Müller abeitet, um mit dem Verdienst die Ausgaben für den Lebensunterhalt zu bezahlen. | Ziel: Claudia arbeitet, um einen guten Schulabschluss zu erzielen. |

**Merke** **Die Erwerbs- und Berufsarbeit in einem Betrieb ist bezahlte Arbeit. Mit dem verdienten Geld werden Ausgaben für sich oder andere bezahlt.**
**Zur unbezahlten oder nicht entlohnten Arbeit gehören das Lernen in der Schule, aber auch sämtliche Arbeiten zu Hause in der Familie oder in der freien Zeit.**

1. Bewertet die beiden Fallbeispiele nach der Leistung.
   a) Für das Auswuchten und Montieren von vier Pkw-Rädern sieht der Arbeitsplan 30 Minuten vor. Mitarbeiter A benötigt 40 min, Mitarbeiter B 25 min, Mitarbeiter C 20 min – allerdings mit einem Auswuchtungsfehler.
   b) Claudia braucht 30 min zum Auswendiglernen eines Gedichtes, dann flüssiger Vortrag; Herbert lernt 45 min, Vortrag stockend; Aylin gibt nach 30 min auf, kann nur einzelne Verse vortragen.

# 2 Arbeitsplatz Haushalt

## Familien und Haushalte im Wandel

### Vor 100 Jahren

Zu Beginn des letzten Jahrhunderts prägten landwirtschaftliche und handwerkliche Betriebe weite Teile Deutschlands. Viele Menschen lebten in Großfamilien zusammen. Neben den Eltern mit ihren Kindern wohnten auch die Großeltern und häufig Verwandte wie Tante oder Onkel im selben Haus. Mittags und abends saßen alle gemeinsam am Küchentisch. Die Tätigkeiten im Haushalt wie Kochen und Waschen wurden von den Frauen für alle Haushaltsmitglieder erledigt. Drei Generationen, ein Familienhaushalt!

### Vor 50 Jahren

Nach dem Ende des Zweiten Weltkriegs wuchs die deutsche Wirtschaft rasch wegen des Wiederaufbaus. Ein reiches Angebot an Arbeitsplätzen in den Industriezentren Deutschlands trennte Eltern und Großeltern oft räumlich. Zahlreiche Ehepaare suchten eine eigene Wohnung, um ihr Leben zu gestalten. Viele Großfamilien lösten sich in der Folgezeit auf. Die Kleinfamilien prägten das Bild der Haushalte.

### Heute

Längst streben Mädchen und Jungen nach Ausbildung und Studium. Die jungen Erwachsenen erfüllen sich den Wunsch nach einer eigenen Wohnung. Viele heiraten, andere nicht. Millionen von Menschen leben als Singles in einem Einpersonenhaushalt. Viele Ehepaare lassen sich scheiden. Die Zahl der Alleinerziehenden steigt. Da die Geburtenzahlen sinken, gibt es bald mehr ältere als junge Menschen in Deutschland. Die Kleinfamilie schrumpft zur Kleinstfamilie.

**Merke** **Innerhalb von 100 Jahren entwickelte sich die Großfamilie mit mehreren Generationen in einem Haushalt zur Kleinfamilie. Die Anzahl der Haushalte alleinstehender Personen nimmt zu.**

1. Betrachtet die Bilder und diskutiert darüber. Welche Entwicklung wird dargestellt?
2. Fragt eure Eltern und Großeltern, in welcher Art von Familienhaushalt sie aufgewachsen sind.
3. Sammelt dabei möglichst viele Informationen und Bilder.
4. Erstellt daraus eine Collage.

## Von der Großfamilie zur Kleinfamilie

1. Lest die Grafik. Beachtet dabei die Regeln der Strategieseite (S. 19).
2. Beantwortet die folgenden Fragen zu der Grafik:
   Vergleicht die gegenüberliegenden Zahlenpaare.
   a) Wo findet ihr die größten, wo die geringsten Unterschiede?
   b) Um welches Vielfache haben sich die Haushalte vermehrt oder verringert?
3. In den Tageszeitungen findet man häufig Schlagzeilen wie „Die Deutschen, ein sterbendes Volk?“ oder „Mehr Rentner als arbeitende Frauen und Männer!“. Sind diese Überschriften richtig, falsch, übertrieben?
   Begründet eure Meinung mit den Zahlen der Statistik.
4. Erstelle nun eine eigene Grafik zu der Frage: Wie viele Personen leben in den Familien meiner Klasse? Als Vorlage dient die Grafik.
   a) Finde heraus, wie viele Personen bei den einzelnen Schülerinnen und Schülern in einem Haushalt leben.
   b) Bestimme nun, in wie vielen Haushalten eine, zwei, drei, vier bzw. fünf und mehr Personen leben.
   c) Zeichne nun für jede dieser Möglichkeiten einen Balken. Dabei entspricht jede Familie einem Zentimeter.

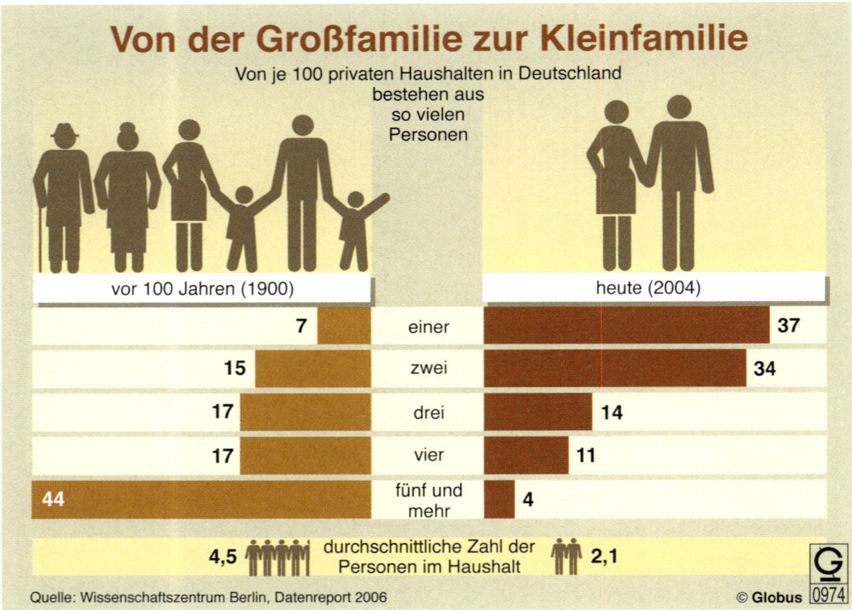

## Strategie: Grafiken lesen und erstellen

**Merke** **In Grafiken werden wichtige Ergebnisse und Daten dargestellt. Zur Darstellung werden knappe Texte, Bilder und grafische Zeichen verwendet. Inhaltlich werden sehr oft Zahlen miteinander verglichen.**

Grafiken zu lesen ist gar nicht so leicht. Daher solltest du zum besseren Verständnis einer Grafik immer nach einer bestimmten Reihenfolge vorgehen:

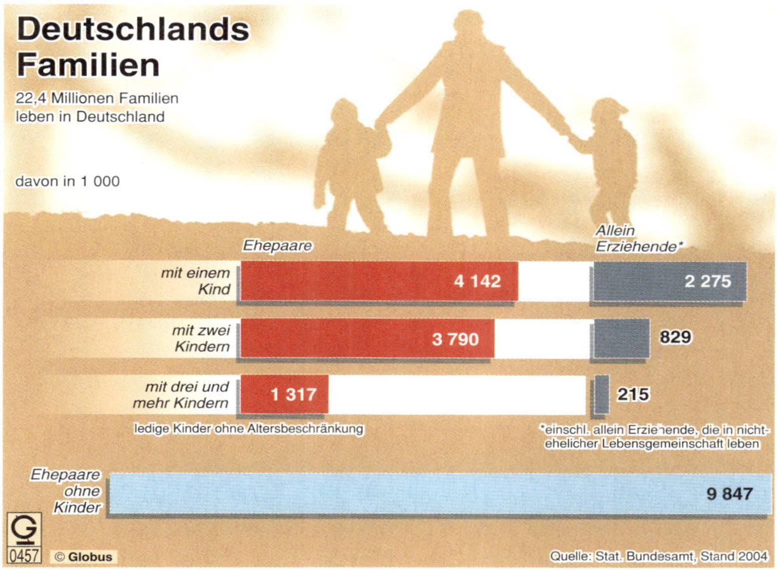


1. Was sagt die Hauptüberschrift aus?
2. Gibt es Unterüberschriften, und was sagen diese zur Hauptüberschrift aus?
3. Sind die Aussagen in Form von Balken, Kreisen (mit „Tortenausschnitten") oder Säulen dargestellt?
4. Geht es um einen oder mehrere Aussageschwerpunkte (oft an den Farben zu erkennen)?
5. Was wollen sie aussagen (Haupt- und Teilüberschriften genau lesen)?
6. Welche Erkenntnisse und Folgerungen lassen sich aus den Aussagen ziehen?
7. Wie können die Aussagen noch dargestellt werden?

## Unterschied zwischen Familie und Haushalt

Studenten und Auszubildende leben aus Kostengründen häufig in Wohngemeinschaften.

Frank und Jana leben mit ihren Eltern zusammen.

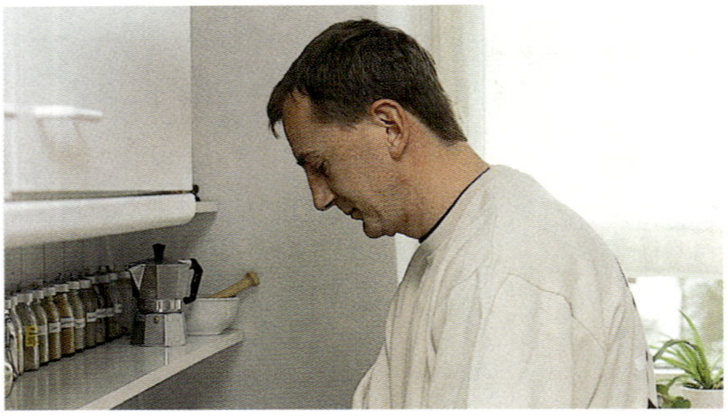

Jonas lebt allein in einem Einzimmerappartement.

Lukas wohnt bei seiner Mutter.

**Merke**

***Familie*** **sind alle Ehepaare und Alleinerziehende mit ledigen Kindern im selben Haushalt. Aber auch Ehepaare ohne Kinder und Ehepaare, deren Kinder bereits aus dem Haushalt ausgeschieden sind, lassen sich zweifelsfrei als eine Familie definieren.**
***Haushalt*** **meint als Ort eine Wohnung oder ein Haus, in der/dem eine Person allein lebt und wirtschaftet oder mehrere Menschen miteinander leben und wirtschaften. Jeder Haushalt ist eine Wirtschaftseinheit.**

1. Was ist gemeint? Erklärt folgende Aussagen:
   a) „Jede Familie ist ein Haushalt, aber nicht jeder Haushalt ist eine Familie."
   b) „Mein Vater führt den Haushalt."
   c) „Du kannst nicht haushalten", werfen Eltern oft ihren Kindern vor.
   d) „Meine Eltern führen ein Haushaltsbuch."
   e) „Jede Stadt und jede Gemeinde stellt jährlich ihren Haushalt auf."
2. Diskutiert, ob bei der Familiendefinition alle Gruppen benannt wurden.

## Der Familienspiegel

In einem Familienspiegel werden die Informationen über eine Familie zusammengefasst.

### Familienspiegel der Familie Ziegler

| | |
|---|---|
| Ehemann/Vater<br>Beruf<br>Alter<br>Arbeitsplatz<br><br><br>Hobby im Haushalt | Leopold Ziegler<br>Maschinenbautechniker<br>35 Jahre<br>Elektronikfirma, Pendler, 36 km Wohnort–Arbeitsplatz<br>Gartenarbeit, kleine Reparaturen |
| Ehefrau/Mutter<br>Beruf<br>Alter<br>Arbeitsplatz<br><br><br>Hobby im Haushalt | Ursula Ziegler<br>Einzelhandelskauffrau<br>34 Jahre<br>Lebensmittelmarkt (Discountmarkt), teilzeitbeschäftigt als Kassiererin<br>Kochen, Gäste einladen |
| Kinder | 2 Kinder:<br>Lena, 12 Jahre, Hauptschule, Paul, 5 Jahre, Kindergarten |
| Wohnung im eigenen Zweifamilienhaus<br><br>Garten | $100\ m^2$ Wohnfläche mit Küche, Ess-, Wohn-, Schlafzimmer, mit 2 Kinderzimmern und Kellerräumen<br>Rasenfläche mit $450\ m^2$, Gemüsegarten (8 Beete) |
| Mithilfe im Haushalt<br><br><br><br>Aufsicht, wenn nötig | Maria Ziegler, 70 Jahre, Parterrewohnung im selben Haus, Kinderbetreuung, Wäsche<br>Christine Bayer, Freundin Nachbarin |

**Merke** **Jede Familie hat ihr eigenes „Gesicht". Keine gleicht in allen Einzelheiten einer anderen.**

1. Erstelle nach dem obigen Muster den Familienspiegel für deine Familie.
2. Ergänze den Familienspiegel ebenfalls mit Bildern und weiteren Informationen.

## Arbeitsleistungen im Haushalt

Die verschiedenen Bereiche im Haushalt haben sich in der Wirtschaft zu Fachberufen und Dienstleistungen entwickelt. Dies unterstreicht den hohen Anspruch an die Hausarbeit.

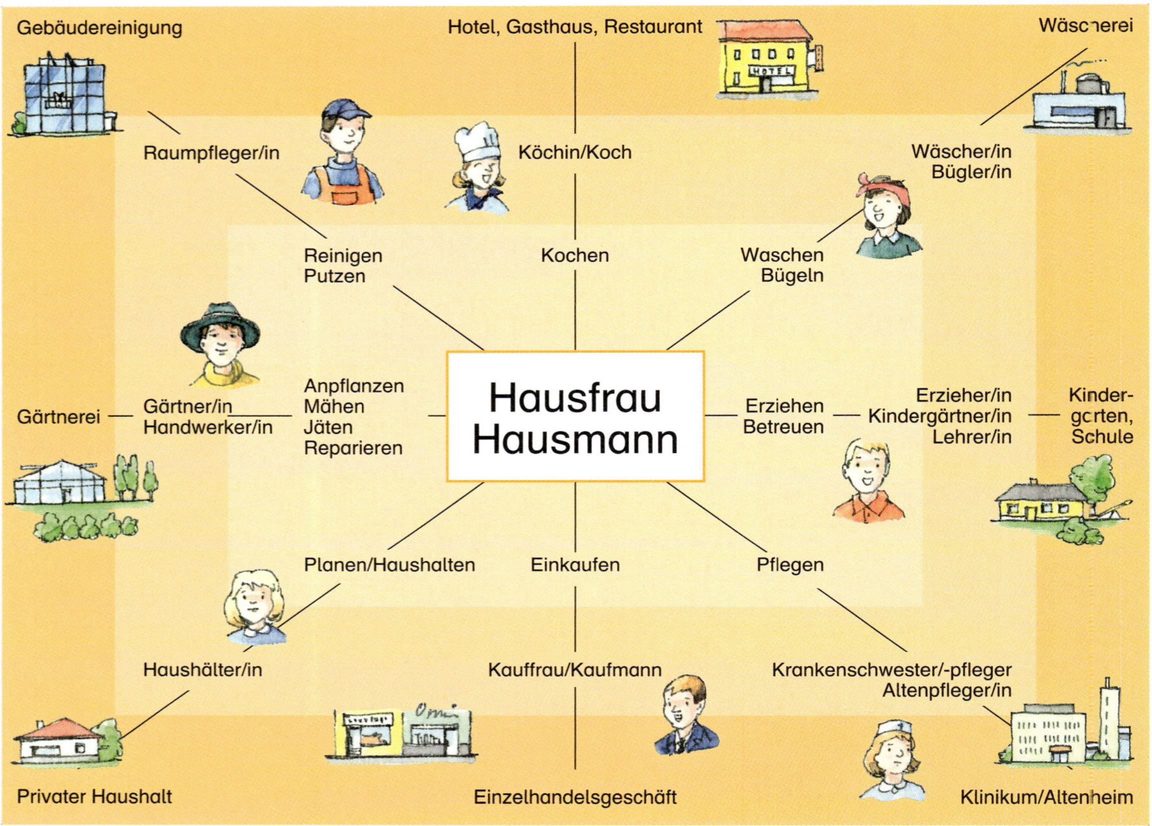


**Merke** **In der Hausarbeit vereinigen sich viele Berufe. Die Arbeitszeit, die man dafür aufwendet, hängt von der Größe des Haushalts, der Anzahl der Familienmitglieder, der Wohnräume, der Außenanlagen und vom Alter der Kinder ab.**

1. Zählt Tätigkeiten auf, die es in eurem Haushalt gibt, und ordnet sie zu.
2. Aus der Werbung kennst du die Aussage „Ich führe ein kleines erfolgreiches Familienunternehmen“. Was bedeutet das?
3. Welche Berufe verbergen sich im Haushalt? Entwirf eine Übersicht.

## Aufgaben in meiner Familie

Anhand einer Liste kann man die unterschiedlichen Tätigkeiten in einer Familie erkennen und den jeweiligen Familienmitgliedern zuordnen.

| | Tätigkeit | Leopold Ziegler | Ursula Ziegler | Lena Ziegler, 12 | Paul Ziegler, 5 |
|---|---|---|---|---|---|
| reinigen/putzen | Fenster putzen | | * | | |
| | spülen | | * | | |
| | putzen | | * | | |
| | Bad sauber machen | | * | | |
| | abstauben | | * | * | * |
| | staubsaugen | * | | * | * |
| | kehren | | * | | |
| | Zimmer aufräumen | * | * | * | * |
| | | | | | |
| | | | | | |
| | | | | | |
| anpflanzen/mähen/jäten/reparieren | Rasen mähen | * | | | |
| | kehren | * | | | |
| | Unkraut jäten | | * | | |
| | gießen | * | | | |
| | ... | | | | |
| | | | | | |
| | | | | | |
| | | | | | |
| | | | | | |
| | | | | | |
| | | | | | |

**Merke** **Die Aufgaben in einer Familie sind sehr vielfältig. Daher sollten sie gerecht auf die Familienmitglieder verteilt werden.**

1. Erstelle nach dem obigen Beispiel eine Tabelle für deine Familie.
2. Trage alle Aufgaben ein, die im Haushalt deiner Familie anfallen.
3. Wer erledigt die einzelnen Aufgaben? Ordne die Aufgaben den Personen zu.
4. Welche Aufgaben könntest du zusätzlich übernehmen? Markiere diese farbig.
5. Besprich diese Aufgaben mit deiner Familie und schreibe auf, was du dabei beachten musst.

## Die meisten Unfälle passieren im Haushalt

**Aus der Unfallstatistik geht hervor:**

- Zwei bis drei Millionen Menschen jährlich verletzen sich so schwer im Haushalt, dass sie einen Arzt aufsuchen müssen.
- 250 000 davon werden wegen Knochenbrüchen oder schweren Haut- und Muskelverletzungen im Krankenhaus behandelt.
- Mehr als 5 000 Menschen sterben an den Folgen eines Unfalls im Haushalt.

Eine waghalsige Konstruktion – Leichtsinn!

Hinter jedem Unfall steht ein **Fehlverhalten**, da die meisten Unfälle auf **menschliches Versagen** zurückzuführen sind.

### Unfälle im Haushalt

| Unfallart | Unfallursachen, Beispiele für Gefahrenquellen |
|---|---|
| Sturz (häufigste Unfallart)<br>– Ausrutschen<br>– Stolpern<br>– Abstürzen | Treppe ohne Handlauf oder Geländer, Treppe schlecht beleuchtet, aufgerollter Teppich als Stolperfalle, Fett- oder Ölfleck auf dem Boden, wegrutschende Leiter, mit Pantoffeln auf Leiter steigen, Gleichgewicht verlieren durch Hinauslehnen, Drehstuhl als Steighilfe benützen |
| Verbrennungen | Spiritus in heißen Grill schütten, glühende Herdplatte oder heißes Bügeleisen berühren |
| Verbrühungen | Sich oder andere mit kochendem Wasser überschütten |
| Brandunfälle | Wohnungsbrand durch Kerzenflamme (Adventskranz, Tischschmuck), TV-Gerät implodiert |
| Schnittverletzungen | Falsche Handhabung von Werkzeugen wie Säge, Axt, Messer, Sichel |
| Verätzungen | Unachtsamer Gebrauch der Haushaltschemikalien |
| Stromunfälle | Berühren von defekten Strom führenden Kabeln, Stromschlag durch Kombination von Strom und Wasser, tödliche Badewannenunfälle |

**Merke**

**Ca. 2,5 Millionen Unfälle ereignen sich jährlich in deutschen Haushalten. Verletzungen wie Knochenbrüche, offene Wunden oder Prellungen – bis hin zu Arbeitsunfähigkeit (Invalidität) und Tod – sind die Folgen. Fehlverhalten und menschliches Versagen gelten als Ursachen. Unfälle im Haushalt lassen sich vermeiden.**

1. Wählt aus der Tabelle fünf Unfallursachen. Findet Maßnahmen, um die daraus entstehenden Unfälle zu vermeiden.
2. Keiner in der Familie möchte sich oder andere verletzen. Trotzdem passieren Unfälle. Fragt eure Eltern nach dem schlimmsten Unfall in eurem Haushalt.
3. Diskutiert darüber, was ihr bei einem Unfall tun könnt.

## Technik im Haushalt

Durch technische Entwicklungen haben sich die Arbeiten im Haushalt verändert. Haushaltsgeräte werden in allen Haushalten eingesetzt.

**Waschen ohne Maschine früher**

- Wäsche sortieren
- Wäsche einweichen
- Waschkessel anheizen
- Wäsche kochen
- Wäsche stampfen
- Wäsche im Waschtrog mit Seifenlauge bürsten, über das Waschbrett („Rumpelbrett“) reiben
- Wäsche in sauberem, kaltem Wasser dreimal spülen

Montag war Waschtag, ca. acht Stunden Arbeit, sehr anstrengend

**Waschen mit Maschine heute**

- Wäsche sortieren
- Wäsche in die Maschine einlegen
- Waschpulver einfüllen
- Programm wählen und einschalten
- Wäsche aus der Trommel nehmen

an keine Zeit gebunden, ca. zehn Minuten Arbeitszeit pro Maschinenfüllung

**Kochen – früher und heute**

offenes Feuer

Kohleherd

Elektroherd

Mikrowelle

**Merke** **Die Haushaltsgeräte ersetzen Arbeitskraft, sparen Zeit und erleichtern die Arbeit.**

1. Beschreibe die unterschiedlichen Arbeitsvorgänge zum Kochen früher und heute.
2. Erstelle einen weiteren Ablauf zum Bügeln – früher mit dem Glätteisen, heute mit dem Bügelautomaten – oder zum Geschirrspülen – früher in der Spülschüssel, heute in der Spülmaschine.

## Der umweltfreundliche Haushalt

In jedem Haushalt entsteht Abfall.
Dieser muss entsorgt werden.

Um Natur und Umwelt zu schützen, sollte ich möglichst wenig Abfall produzieren und ihn ökologisch entsorgen.

Das spart zusätzlich Geld.

In jedem Haushalt werden Wasser und Energie (Strom und Heizung) verbraucht.

Um Natur und Umwelt zu schützen, muss ich sparsam damit umgehen.

Das spart zusätzlich Geld.

**Ziele ökologischen Handelns sind**

- die Natur nicht zerstören,
- den Lebensraum für Menschen, Tiere und Pflanzen schützen,
- die natürlichen Lebensgrundlagen wie Wasser, Luft, Boden schadstofffrei halten.

**Merke** **Die Haushalte tragen durch Wasch- und Reinigungsmittel, durch Müll, Heizungs- und Autoabgase erheblich dazu bei, die Umwelt zu belasten. Umweltfreundliches Haushalten schützt die Natur und spart Geld.**

1. Sucht im Lexikon den Begriff „ökologisch“.
2. Berichte darüber, wie deine Familie den Abfall entsorgt.
3. Informiert euch, wo euer Abfall entsorgt wird.
4. Frage deine Familie, welche Kosten für Strom, Wasser und Müll monatlich entstehen.
5. Fasst eure Ergebnisse auf Plakaten zusammen.

## Ökocheckliste

Jedes Familienmitglied ist verantwortlich, für die Umwelt und für die eigene Gesundheit den bestmöglichen Beitrag zu leisten.

*Durch die Mülltrennung kann der Müll reduziert werden.*

*Die Saugglocke arbeitet schnell und ohne Chemikalien.*

### Ökocheckliste für Kinder und Jugendliche

| | ja | manch-mal | nein |
|---|---|---|---|
| 1. Ich lasse Lampen nicht unnütz brennen. | ? | ? | ? |
| 2. Den Kühlschrank öffne ich nur für kurze Zeit. | ? | ? | ? |
| 3. Unnötiges „Stand-by" an elektrischen Geräten schalte ich ab. | ? | ? | ? |
| 4. Den Heizkörper stelle ich auf Zimmertemperatur ein. Wenn ich im Winter lüfte, schließe ich nach fünf Minuten die Fenster. | ? | ? | ? |
| 5. Während des Zähneputzens lasse ich das Wasser nicht laufen. | ? | ? | ? |
| 6. Beim Einseifen oder Shampoonieren schließe ich den Duschhahn. | ? | ? | ? |
| 7. Auf der Toilette nutze ich die Sparspülung. | ? | ? | ? |
| 8. Ich werfe Müll oder Giftstoffe nicht in das WC. | ? | ? | ? |
| 9. Den Müll trenne ich nach Plastik, Papier, Glas. | ? | ? | ? |
| 10. Grünabfälle trage ich zum Komposter oder zur Ökomülltonne. | ? | ? | ? |
| 11. Für die Unterrichtsmittel kaufe ich Recyclingpapier. | ? | ? | ? |
| 12. Beim Kauf von Artikeln achte ich auf Öko-Zeichen. | ? | ? | ? |

1. Bearbeite die Aussagen. Bei welchen Aussagen kannst du Ja ankreuzen? Woran kannst du etwas ändern?
2. Erstelle zusammen mit deinen Eltern eine ökologische Hausordnung mit mindestens drei Forderungen.
3. Erstellt ein Öko-Informationsblatt (s. Ablaufskizze, S. 30)

## Strategie: Eine Ablaufskizze

**Merke** **Ablaufskizzen unterstützen die Planungen für Projekte im Unterricht. Sie zeigen die einzelnen Arbeitsschritte auf und binden die notwendigen Kenntnisse und Fertigkeiten in das Projekt ein. Im Zentrum eines Projekts steht immer ein fertiges Produkt.**

1. Zum Lesen einer Ablaufskizze beginnt ihr immer in der mittleren Spalte. Dort stehen die wesentlichen Arbeitsschritte.
2. In der linken Spalte stehen die Fächer, in denen ihr euch Unterstützung für die Arbeitsschritte holen könnt.
3. In der rechten Spalte sind Lehrgänge und Kurse aufgeführt, in denen notwendige Kenntnisse und Fertigkeiten für den Arbeitsschritt vermittelt werden. Diese werden während des Projektes oder vorher eingeübt.

### Ablaufskizze

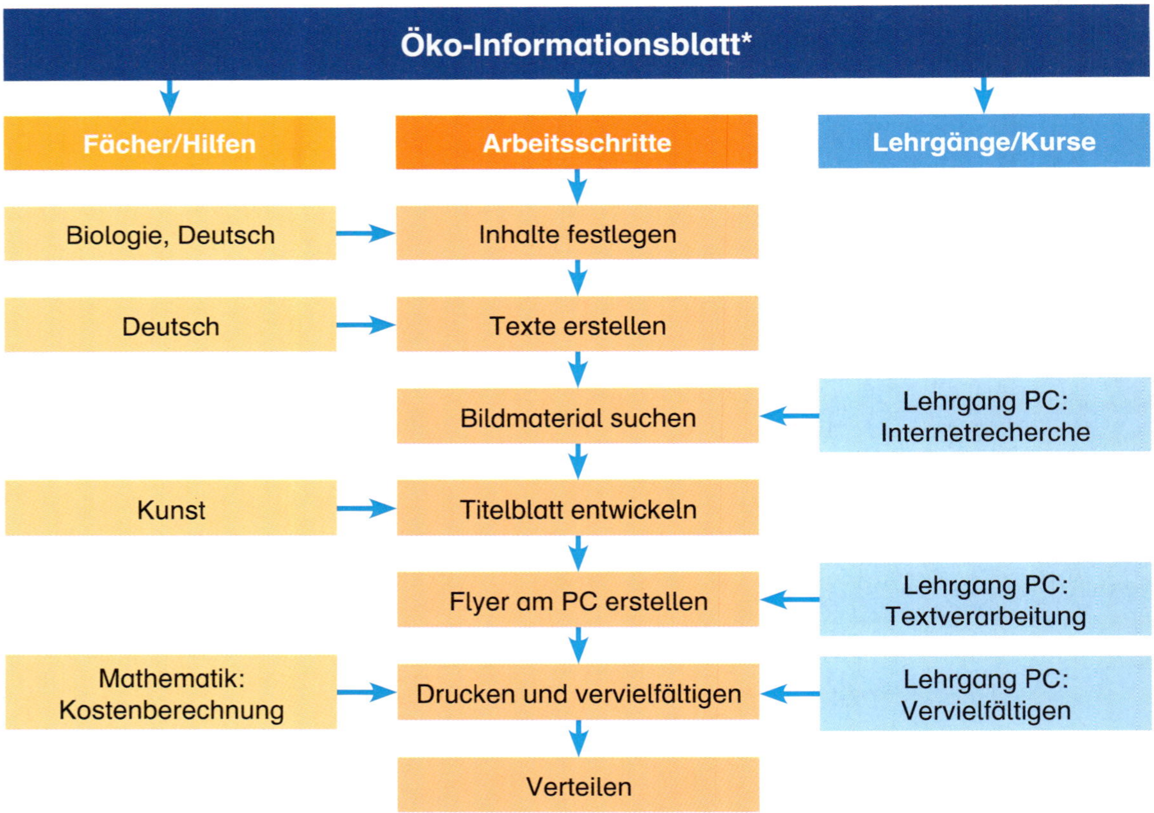


* Du kannst zu diesem Thema auch andere Produkte herstellen, wie z.B. Plakate oder die Durchführung einer Infoveranstaltung. Dafür musst du anhand dieser Vorlage eine neue Ablaufskizze erstellen.

# 3 Du und die Technik

## Technik aus deinem Lebensalltag

Täglich gehst du mit technischen Geräten um. Meistens ist es dir gar nicht bewusst, welche Vorteile und Erleichterungen dir die Technik bringt.

Ökologisches Verhalten

Freizeit

Familie

Arbeitsplatz Schule

**Merke** **Technik und technischer Fortschritt sind für Kinder und Jugendliche faszinierend. Maschinen, Werkzeuge, Verkehrsmittel, Sportgeräte und viele andere technische Geräte sind für uns im Gebrauch selbstverständlich geworden. Jeder nützt die Technik aus ganz bestimmten Bedürfnissen und Gründen.**

1. Erstelle zu diesen vier Bereichen eine Liste von technischen Geräten, die du in deinem Lebensalltag benützt und die dir das Arbeiten und Leben erleichtern.
2. Auf welche technischen Geräte möchtest du auf keinen Fall verzichten? Begründe deine Entscheidung.
3. Befragt im Interview Erwachsene, z. B. Lehrer oder Eltern, welche Alltagstechnik für sie besonders wichtig ist.

# Technik am Arbeitsplatz Schule

Lernen und Arbeiten sind für Schüler grundlegende Tätigkeiten in der Schule. Außer im Werk- oder Handarbeitsunterricht, in denen viel praktisch gearbeitet wird und in denen wir technische Geräte verwenden, wird kaum bewusst, wie die Technik Schüler, Lehrer, Sekretärin und Hausmeister unterstützt.
Susi und Fritz machen sich auf den Weg durch die Schule und erkunden die einzelnen Bereiche. Der Hausmeister zeigt ihnen seinen Technikbereich: die Heizungsanlage, die Elektroversorgung, den Rasenmäher und Schneeräumer.

Bei der Sekretärin, Frau Schnell, erfahren sie, dass ihr wichtigstes technisches Gerät der Computer ist, mit dem sie viele Verwaltungsaufgaben der Schule bewältigt. Telefon, Faxgerät und Internet sind wichtige Kommunikationsmittel zu Eltern, Schulamt, Gemeinde, Kultusministerium und zu allen, mit denen die Schule auf irgendeine Weise zusammenarbeitet.
Bei der Schulleiterin Frau Moser bestaunen sie die Sprechanlage, mit der sie einzelne Klassenzimmer oder bei Bedarf alle Schulkinder und Lehrer mit einer Durchsage erreichen kann. Der Computer erleichtert ihr Schulverwaltungsaufgaben wie z. B. Erstellen des Stundenplanes für Schüler und Lehrer, Planen von Vertretungen, Anfertigen von Unterrichtsübersichten und Statistiken, Verwalten der Finanzen und vieles mehr.

In ihrem Klassenzimmer listet die Klasse 5b alle technischen Geräte auf, die sie im Unterricht benützt: Tafel, Tageslichtprojektor, Kassettenrekorder, Computer, Fernseher und Videorekorder, Taschenrechner, Uhr, Lautsprecher, einfache Geräte wie Kartenständer, Zirkel, Papierlocher, Whiteboards usw.

1. Macht einen Unterrichtsgang durch eure Schule. Welche Technik wird wo eingesetzt?
2. Führt mit dem Hausmeister oder der Sekretärin ein Interview über die von ihnen genutzte Technik.

## Du und die Technik am Arbeitsplatz Schule

In der Schule hat man täglich mit verschiedenen Arten von Technik zu tun:

1. Erkundet in Gruppenarbeit an eurer Schule die technischen Geräte in den Klassenzimmern und Fachräumen.
2. Stellt eure Ergebnisse in Mind-Maps dar. Als Hilfe dazu dient die Strategieseite (s. Seite 35).

## Strategie: Ein Mind-Map

Um Ergebnisse übersichtlich darzustellen, bietet sich ein Mind-Map an. Ein kleines Beispiel soll dies verdeutlichen.

Familie Meier ist auf dem Weg in den Urlaub. Vater Meier hat sich die Fahrtstrecke aufgezeichnet, wie ihr rechts sehen könnt. Für ihn ist das eine Gedankenstraßenkarte, damit sie sicher am Ziel ankommen und sich nicht verfahren. Du kennst das auch von Urlaubsfahrten mit deinen Eltern, wenn sie die Fahrtroute festlegen und aufschreiben oder aufzeichnen.

*Von Regensburg nach Salzburg*

**Merke** **Eine Gedankenkarte, Gedächtniskarte oder auch *Mind-Map* ist eine gute Methode für Planungen. Mit der Mind-Map ordnet man seine Gedanken und bringt sie in eine bestimmte übersichtliche Struktur. Mind-Maps eignen sich hervorragend, um z. B. Folgendes zu planen: Feste, die Herstellung von Gegenständen, Aufsatzthemen, das Lernen von Arbeitsblättern. Außerdem lassen sich damit auch Zusammenhänge in vielen anderen Bereichen übersichtlich darstellen.**

**Einige Regeln muss man beachten:**

1. Thema in die Mitte des Blattes schreiben!
2. Hauptäste einzeichnen und beschriften!
3. Unteräste einzeichnen und beschriften!
4. Du kannst anstelle der Wörter auch Symbole oder Bilder verwenden!
5. Farben erhöhen die Übersichtlichkeit!

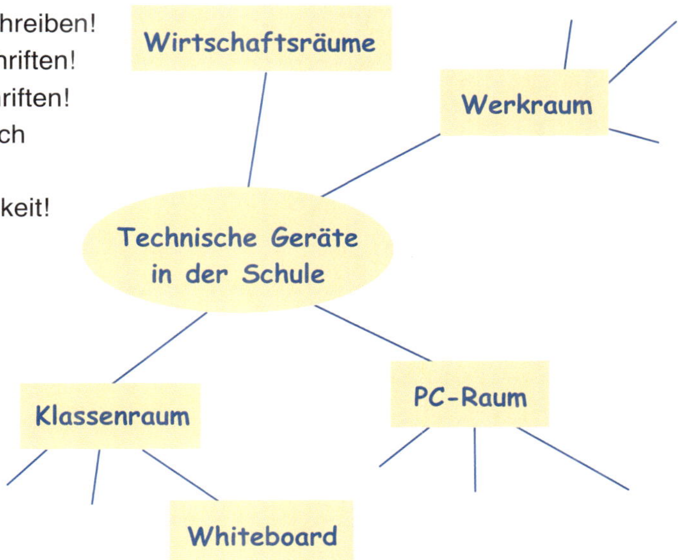

## Technik in den Fachräumen unserer Schule

In den Fachräumen unserer Schule werden die unterschiedlichen Werkzeuge und Maschinen eingesetzt. Ein Ziel des Arbeitslehreunterrichts ist, diese Werkzeuge und Maschinen kennenzulernen und den sachgerechten Umgang zu erlernen.

### Im Werkraum

**Merke** **Die Werkzeuge und Maschinen in den Fachräumen werden nach den unterschiedlichen Arbeitsbereichen sortiert, z. B. im Werkraum nach der Holz-, der Metall- und der Tonbearbeitung.**

1. Besichtigt den Werkraum und betrachtet die unterschiedlichen Werkzeuge und Maschinen.

2. Sammelt die Werkzeuge und Maschinen in einer Tabelle zu den verschiedenen Bereichen.

| | Holzbearbeitung | Metallbearbeitung | Tonbearbeitung |
|---|---|---|---|
| Werkzeuge | ? | ? | ? |
| Hilfsmittel | ? | ? | ? |
| Maschinen | ? | ? | ? |
| ... | ? | ? | ? |

3. Ergänzt die Liste gemeinsam.

4. Übertragt die Tabelle auf andere Bereiche.

| In der Küche | | | |
|---|---|---|---|
| | Herstellen | Essen | Reinigen/Pflege |
| Werkzeuge | ? | ? | ? |
| Hilfsmittel | ? | ? | ? |
| Maschinen | ? | ? | ? |
| ... | ? | ? | ? |

| Im Hauswirtschaftsraum | | | |
|---|---|---|---|
| | Textilbearbeitung | Reinigen/Pflege | ... |
| Werkzeuge | ? | ? | ? |
| Hilfsmittel | ? | ? | ? |
| Maschinen | ? | ? | ? |
| ... | ? | ? | ? |

5. Erstelle ein einfaches Werkstück. Nutze dazu verschiedene Maschinen und Hilfsmittel. Die nächsten Seiten geben dir Ideen für mögliche Produkte.

## Bohren – früher und heute

*Handnagelbohrer*

*Bohrwinde*

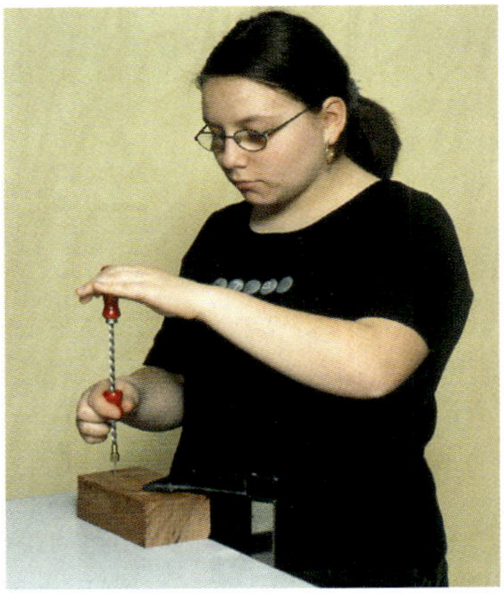

*Drillbohrer*

*Handbohrmaschine*

*Elektrische Handbohrmaschine*

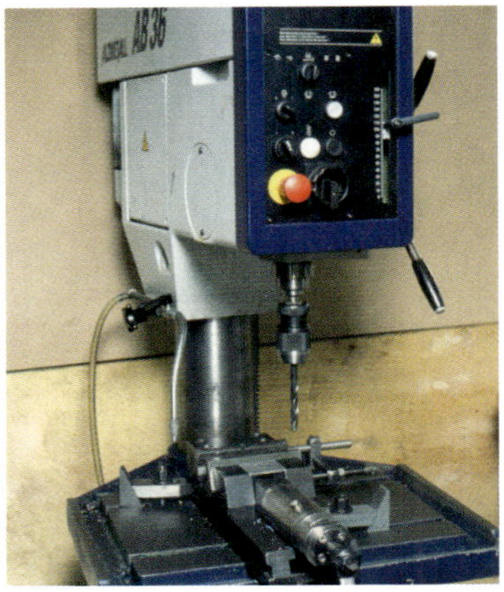

*Ständerbohrmaschine*

**Merke** **Selten erkennen die Menschen die Bedeutung der Technik, mit der sie täglich umgehen. Die elektrische Bohrmaschine zum Beispiel gibt es heute in jedem Haushalt. Für den Heimwerker und Bastler ist sie ein Helfer, der ihm die Arbeit erleichtert, ohne dass er sich dessen bewusst wird.**

1. Betrachte die Bilder. Begründe, wie Maschinen und Werkzeuge die Arbeit erleichtern.
2. Überlegt euch ähnliche Beispiele auch für die anderen Fachräume, z. B. Messer → Reiben → Küchenmaschine oder Schneebesen → Mixer → Küchenmaschine.

## Praxisvergleich

### Bohren mit allerlei Gerät – Nisthilfen für Insekten

Viele Nutzinsekten benötigen zum Überleben abgestorbenes Gehölz, um sich dort verstecken zu können, zum Nisten, Überwintern usw. Dieses abgestorbene Gehölz ist in unseren Gärten selten geworden.
Man kann diesen Insekten dennoch auf eine einfache Weise ein Wohnungsangebot machen, indem man Holzscheiben, Holzklötze o. Ä. mit unterschiedlichen Bohrungen versehen im Garten aufhängt.

Stelle Nisthilfen für Wildbienen her – gleichzeitig kannst du die Bohrwerkzeuge von der vorherigen Seite ausprobieren.

1. Stelle in Partnerarbeit eine Nisthilfe für Wildbienen her. Benutze dabei die unterschiedlichen Werkzeuge und Maschinen.
2. Stoppt die Zeit für jeweils einen Bohrvorgang.
3. Tragt die Ergebnisse in eine Tabelle ein.

| Werkzeug/ Maschinen | Zeit | Anstrengung | Bemerkung |
|---|---|---|---|
| Handnagel-bohrer | ? | ? | ? |
| Bohrwinde | ? | ? | ? |
| Drillbohrer | ? | ? | ? |
| Handbohr-maschine | ? | ? | ? |
| Elektrische Bohrmaschine | ? | ? | ? |
| Ständer-bohrmaschine | ? | ? | ? |

4. Wertet die Tabellen aus. Was stellt ihr fest?
5. Hängt die Nisthilfen auf dem Schulgelände auf und führt eine Langzeitbeobachtung durch.

## Ablaufskizze

**Vier-gewinnt-Spiel***

| Fächer/Hilfen | Arbeitsschritte | Lehrgänge/Kurse |
|---|---|---|
| Deutsch: Regeln lesen → | „Vier gewinnt“ spielen | |
| | Entscheidung für die Herstellung | |
| | Festlegen der Form und Größe des Spielbretts und der Steine | |
| | Erstellen einer Stückliste | ← Kurs: Stückliste, technische Zeichnung |
| Mathematik: Kostenvergleich → | Materialbeschaffung | |
| Mathematik: Herstellen der Bohrschablone → | Bohren der Bohrlöcher an der Ständerbohrmaschine | ← Kurs: Einweisung Bohrmaschine, Unfallgefahren |
| | Oberflächenbehandlung der Grundplatte: Schleifen, Wachsen | ← Kurs: Oberflächenbehandlung von Holz |
| Mathematik: Maße → | Herstellen einer Ablängschablone für die Spielsteine | ← Lehrgang: Ablängen mit der Ablängschablone |
| | Ablängen der Spielsteine | ← Kurs: Ablängen |
| | Oberflächenbehandlung | |
| Deutsch: Regeln erstellen → | Spielen mit dem fertigen Produkt | |

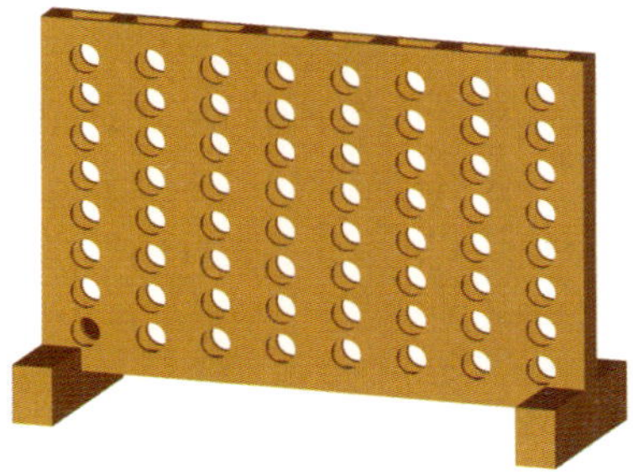

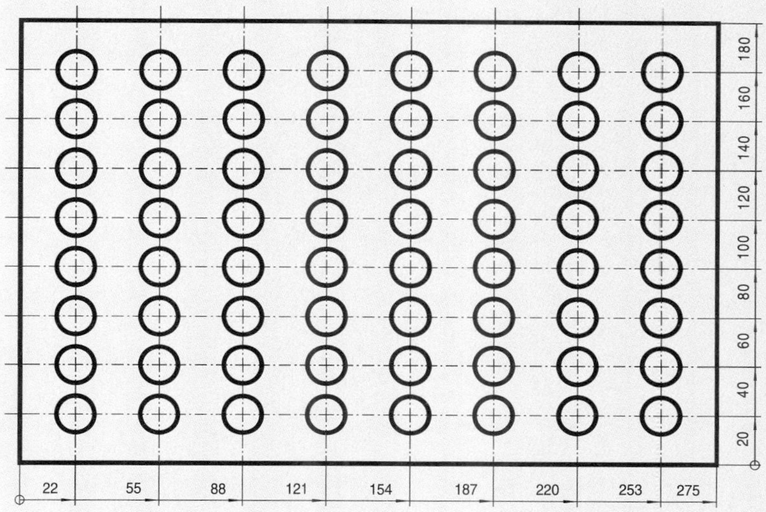


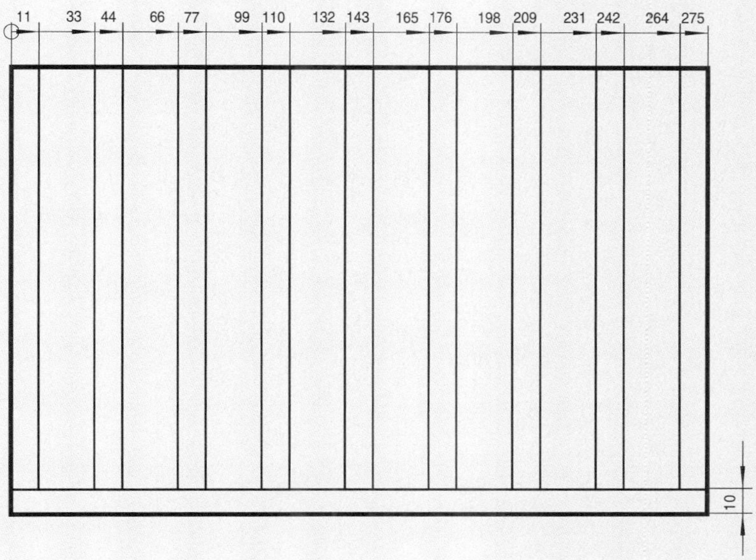


* Du kannst zu diesem Thema auch andere Produkte herstellen, wie z.B. verschiedene Steckspiele aus Holz oder ein Kugellabyrinth aus Aluminium. Dafür musst du anhand dieser Vorlage eine neue Ablaufskizze erstellen.

## Nähen – früher und heute

Für uns Menschen ist die Kleidung lebensnotwendig. Sie bewahrt uns vor Kälte, Hitze, Verschmutzung und schützt unsere Haut vor Verletzungen. Je nach Modetrend, Jahreszeit und Anlass können wir unter vielen Angeboten in Qualität und Preis wählen und unser Bedürfnis nach zweckmäßiger oder modischer Kleidung innerhalb kürzester Zeit befriedigen. Für uns ist das selbstverständlich. Wie war das früher? Ein Schneider fertigte Bekleidung nur auf Bestellung und Maß, nicht auf Vorrat. Erst die Erfindung von Nähmaschine, Webmaschinen und neu-en Stoffmaterialien sowie die Entwicklung von modernen Produktionstechniken haben es möglich gemacht, dass wir Bekleidung für alle Anlässe als Massenware angeboten bekommen.

### Entwicklung der Nähtechnik

**Nadel** aus Knochen

**Vorgeschichte**

Nähmaschine mit **Handkurbel**

**1862**

Nähmaschine mit **Fußantrieb** mit fortlaufender Transportervorrichtung für den Stoff

**1925**

Nähmaschine mit **elektrischem Antrieb** mit Vor- und Rückwärtstransportierung; mechanischer Programmwahl für alle gängigen Näh-, Stick- und Stopfarbeiten

**1950**

**Vollelektronische** Nähmaschine mit Computertechnik, einer Vielzahl beliebiger Stichmuster, Programmiermöglichkeiten, doppeltem Stofftransport

**2003**

1. Betrachte die Bilder. Begründe, wie Maschinen und Werkzeuge die Arbeit erleichtern.
2. Probiert möglichst viele der unterschiedlichen Nähwerkzeuge und -maschinen aus. Sammelt eure Erfahrungen.

## Praxisvergleich

**Wir nähen ein Kissen**

Kissen sind leicht zu produzierende Produkte zum Einstieg in das Nähen.
Gleichzeitig können die verschiedenen Werkzeuge und Maschinen von der vorherigen Seite ausprobiert werden.

*Größe: 30 cm x 30 cm*
*Stoffart: Baumwolle*
*Füllung: Schaumstofflocken*

1. Stellt in Gruppenarbeit Kissen her. Benutzt dabei die unterschiedlichen Werkzeuge und Maschinen.
2. Stoppt die Zeit für jeweils einen Nähvorgang.
3. Tragt die Ergebnisse in eine Tabelle ein.

| Werkzeuge/ Maschinen | Zeit | Anstrengung | Bemerkung |
|---|---|---|---|
| Nadel | ? | ? | ? |
| mechanische Nähmaschine | ? | ? | ? |
| elektrische Nähmaschine | ? | ? | ? |

4. Wertet die Tabelle aus. Was stellt ihr fest?

## Ablaufskizze

**Schlampermäppchen aus Jeans***

| Fächer/Hilfen | Arbeitsschritte | Lehrgänge/Kurse |
| --- | --- | --- |
| | Entscheidung für die Herstellung | |
| | Vorgeben eines Prototyps | |
| | Erstellen einer Stückliste | |
| Mathematik: Flächen(-berechnung) → | Herstellen der Schnittbögen | ← Kurs: Einführung Schnittbogen |
| Mathematik: Kostenvergleich → | Materialbeschaffung | |
| | Übertragen des Schnittbogens | |
| | Nähen in Einzelarbeit | ← Lehrgang: Einweisung Nähmaschine, Unfallgefahren |
| Deutsch: Lesen von Arbeitsanweisungen, Tätigkeitsbeschreibung → | Druckknopf anbringen | ← Lehrgang: Druckknöpfe |
| | Ausfransen des Saums | |
| Deutsch: Erkundungsbogen → | Evtl. Besichtigung einer Näherei | |

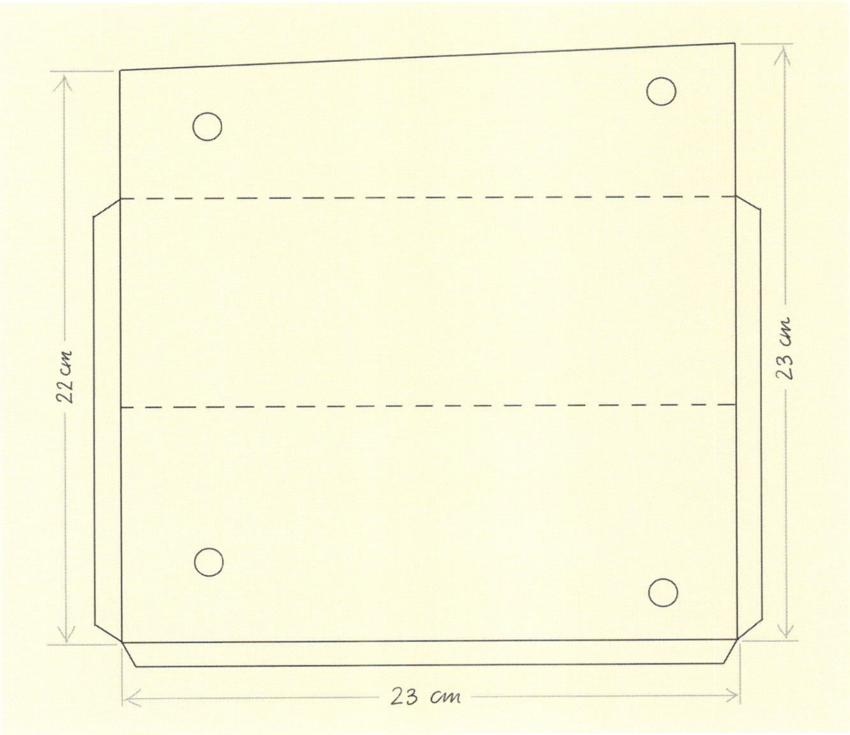


* Du kannst zu diesem Thema auch andere Produkte herstellen, wie z. B. verschiedene Gebrauchsgegenstände aus Textilien oder Leder (Kissen, Taschen). Dafür musst du anhand dieser Vorlage eine neue Ablaufskizze erstellen.

## Ablaufskizze

### Kartoffelpuffer/Reibekuchen*

| Fächer/Hilfen | Arbeitsschritte | Lehrgänge/Kurse |
| --- | --- | --- |
| Deutsch: Rezepte lesen → | Entscheidung für die Herstellung | |
| | Auflisten der Zutaten | |
| Mathematik: Schlussrechnung → | Erstellen der Einkaufsliste | |
| Mathematik: Kostenvergleich → | Einkaufen | |
| | Einteilen der Kochgruppen | ← Lehrgang: Verhalten in der Küche, Sicherheit, Hygiene |
| | Vorbereiten der Zutaten nach Rezept (Kartoffeln schälen …) | |
| | Vergleich: Reiben mit der Küchenreibe oder mit der Küchenmaschine | ← Kurs: Einweisung Küchenmaschine, Unfallgefahren |
| | Zutaten vermischen | |
| Deutsch: Tätigkeitsbeschreibung → | Backen der Kartoffelpuffer | ← Lehrgang: Einweisung Elektroherd, Unfallgefahr |
| | Essen | ← Lehrgang: Tischkultur |
| | Reinigen und Pflegen der Maschinen und Geräte | ← Lehrgang: Einweisung Spülmaschine, Unfallgefahr |

* Du kannst zu diesem Thema auch andere Gerichte zubereiten, die mit Maschinen aus der Küche einfacher hergestellt werden können (Säfte, Rohkostsalate, Kartoffelbrei …). Dafür musst du anhand dieser Vorlage eine neue Ablaufskizze erstellen.

# 4 Wünsche und Bedürfnisse

# Jeder Mensch hat Wünsche

## Wünsche einer Familie

Mutter:
„Eine neue Einbauküche wäre schon lange fällig. Mit den neuen Arbeitsgeräten könnte mir meine Arbeit erleichtert werden, und dazu könnten wir Strom und Energie sparen.“

Sohn:
„Ich wünsche mir einen neuen PC. Meiner ist veraltet und läuft nicht mehr richtig. Ein DVD-Rekorder wäre auch nicht schlecht, dann könnte ich Fußballspiele aufzeichnen.“

Opa:
„Ich habe keine besonderen Wünsche mehr. Das Wichtigste ist, dass ich gesund bleibe und noch viele Lebensjahre habe. Gegen die eine oder andere Reise hätte ich nichts einzuwenden. Man muss aber nicht alles gesehen haben.“

Oma:
„Ganz wunschlos bin ich nicht. Natürlich will ich gesund bleiben. Durch die Welt reisen, Städte besichtigen, fremde Länder und Leute kennenlernen. Das wäre es.“

Vater:
„Ein neues Auto könnten wir dringend gebrauchen, und der Urlaub steht auch vor der Türe. Entscheidend ist aber, dass ich meinen Arbeitsplatz behalte. Trotzdem könnten wir etwas mehr Lohn gebrauchen.“

Tochter:
„Ich wünsche mir ein neues Fahrrad, dann kann ich mit meiner Freundin mithalten. Ein moderner CD-Player wäre auch nicht zu verachten. Meiner streikt recht häufig.“

**Merke** **Jeder Mensch hat Wünsche, sei er klein oder groß, jung oder alt, gesund oder krank, reich oder arm, schlank oder dick, sportlich oder unsportlich, bekannt oder unbekannt. Manche Wünsche lassen sich sofort, manche später und einige überhaupt nicht erfüllen.**

1. Welche Wünsche werden in dieser Familie geäußert? Überlegt im Partnergespräch, welche Gründe es dafür geben könnte. Sind sie zu erfüllen? Wenn ja, warum? Wenn nein, warum nicht?
2. Welche Wünsche habt ihr? Erstellt eine Collage, stellt sie vor, begründet, vergleicht und bewertet sie.
3. Überlegt und diskutiert in der Gruppe, wovon die Erfüllung eurer Wünsche abhängen könnte.

## Wünsche werden beeinflusst

Nicht alle Menschen haben die gleichen Wünsche. Oft haben Kinder andere als Erwachsene, Mädchen andere als Jungen, Frauen andere als Männer, junge Menschen andere als ältere. Es ist also sicher, dass Alter und Geschlecht die Wünsche beeinflussen.
Die Ursachen dafür sind vielfältig und nicht immer leicht zu erkennen.

**Merke** **Die unterschiedlichen Wünsche der Menschen werden von verschiedenen Ursachen mitbestimmt oder zumindest beeinflusst.**
**Manchmal trifft nur eine Ursache, manchmal treffen mehrere der angeführten Ursachen für einen Wunsch zu.**

1. Was ist mit den Stichworten in der Übersicht gemeint? Erkläre sie mit Beispielen.
2. Diese Aufzählung ist sicher nicht vollständig. Welche weiteren Ursachen kannst du für die Punkte einsetzen?
3. Was hat dich schon bei deinen Wünschen beeinflusst? Berichte und begründe.
4. Nicht jede der Ursachen ist gleich wichtig. Ordne sie in der Reihenfolge, wie sie für dich wichtig sind.

## Wünsche werden erfüllt/nicht erfüllt

Die Wirtschaft mit ihren Geschäften, Betrieben, Supermärkten, Kaufhäusern und Fabriken weckt beim Verbraucher den Wunsch, das ein oder andere zu besitzen. Durch den Verkauf der Waren bzw. Dienstleistungen, den sogenannten Konsumgütern, versucht sie Gewinne zu erwirtschaften.

Die Wirtschaft versucht
- Wünsche zu erhalten,
- neue Wünsche zu wecken,
- selbst neue Wünsche zu entdecken.

Das macht die Wirtschaft dadurch, dass sie
- für ihre Güter wirbt,
- Güter verbessert,
- neue Güter herstellt,
- neue Güter bekannt macht.

Alle diese Maßnahmen zielen darauf, dass die Kunden Waren kaufen und verbrauchen, oder wie man auch sagt: konsumieren. Der Verbrauch oder auch der Konsum ist das Ziel aller Maßnahmen der Wirtschaft.

**Merke** **Die Wirtschaft hat das Ziel, möglichst viele Waren zu verkaufen und den Konsum zu steigern. Daher versucht sie, immer wieder neue Wünsche bei den Kunden zu wecken. Dazu benutzt sie gezielte Werbung.**

1. Was bedeutet ein hoher oder niedriger Konsum für Kunden und Wirtschaft?
2. Was die Wirtschaft macht, ist Werbung. Welche Werbemaßnahmen kennst du?
3. Erstellt gemeinsam in einer Gruppe eine Collage mit verschiedenen Werbeanzeigen und präsentiert diese vor der Klasse.

# Grundbedürfnisse

Jeder hat andere Wünsche. Was für den einen wichtig ist, ist für den anderen unwichtig.

**Merke** **Wünsche wie Essen, Kleidung, Wohnen, Schlafen sind für jeden Menschen wichtig. Sie sind die Grundlage unseres Lebens, sie sind lebensnotwendig. Man bezeichnet sie daher auch als Grundbedürfnisse.**

**Bedürfnisse können sein**

- wichtig
- weniger wichtig
- unwichtig
- lebenswichtig → **Grundbedürfnisse**: essen • trinken • wohnen • schlafen • Kleidung

1. Welche Meinungen werden von welchen Personen vertreten und welche Gründe werden angeführt?
2. Bewertet die Gründe und versucht, im Rollenspiel eine Lösung zu finden. Stellt diese der Klasse vor.

## Neue Wünsche entstehen

Es ist schon eigenartig: Kaum hat man sich einen Wunsch erfüllt, taucht schon wieder ein neuer auf. Dafür gibt es zahlreiche Gründe:

**Merke** **Gründe für das Entstehen neuer Wünsche können auch Angabe, Unersättlichkeit, Neid oder Geltungssucht sein. Sie können mitunter riskant sein, wenn das Geld für die Erfüllung der Wünsche nicht ausreicht oder nicht vorhanden ist. Die Gefahr der Verschuldung ist dann groß.**

1. Spielt das Rollenspiel in eurer Klasse nach.
2. Welche Gründe für das Entstehen neuer Wünsche könnt ihr finden und begründen? Sammelt diese.
3. Was ist mit Verschuldung gemeint?
4. Informiert euch, z. B. bei der Schuldnerberatungsstelle oder im Internet, über die Ursachen und die Gefahren der Verschuldung bei Jugendlichen.

## Nicht alle Wünsche können erfüllt werden

Die größte Rolle bei der Erfüllung vieler Wünsche spielt das Geld. Ist es im notwendigen Umfang vorhanden, steht einer Erfüllung oder einem Kauf, also dem Konsum, nichts entgegen. Ist es aber nicht da oder nicht im ausreichenden Maße, dann bedeutet das, den Konsum zumindest einzuschränken oder die anderen vier Möglichkeiten zu nutzen.

**Merke** **Es gibt die unterschiedlichsten Wünsche. Manche sind lebensnotwendig, andere sind Luxus. Sie werden von der Familie, dem Freundeskreis, der Wohngegend und der Werbung beeinflusst. Bei Geldmangel sollten Wünsche nicht durch Schulden befriedigt werden. Eine bessere Möglichkeit sind ansparen oder das eigene Herstellen.**

1. Warum findest du bei „Schulden machen“ ein Frage- und ein Ausrufezeichen?
2. Berichte, wie du dich verhalten hast, als dein Geld nicht für die Erfüllung eines Wunsches ausreichte.

# 4 Wünsche und Bedürfnisse

Nicht jeder Wunsch ist mit Geld zu bezahlen. Selbst wenn genügend Geld vorhanden ist, ist das nicht immer möglich. Was damit gemeint ist, zeigt die Übersicht.

Sicher ist, dass man eine Erfüllung dieser Bedürfnisse nicht kaufen kann. Nicht immer bekommt man sie ohne Gegenleistung.

**Merke** **Die Erfüllung der Wünsche nach Liebe, Freundschaft und Vertrauen kostet kein Geld. Sie beruhen auf Beziehungen und müssen gepflegt werden.**

1. Warum kann man die Erfüllung dieser Wünsche nicht kaufen?
2. Womit muss man sie möglicherweise „bezahlen"?
3. Schreibe deine Wünsche auf.
4. Benenne die, die wenig oder kein Geld kosten.
5. Nenne Möglichkeiten, wie du auch deine kostenintensiven Wünsche erfüllen könntest. Eine Möglichkeit ist das eigene Herstellen, Beispiele findest du auf den nächsten Seiten.

## Ablaufskizze

**Dosenstelzen***

| Fächer/Hilfen | Arbeitsschritte | Lehrgänge/Kurse |
| --- | --- | --- |
| | Nennen einfacher Spielgeräte | |
| | Entscheidung für die Herstellung von Stelzen | |
| | Sichten von unterschiedlichen Stelzen | |
| Mathematik: Preisvergleich → | Informationen über Angebote und Preise sammeln | |
| | Entwickeln von Alternativen | |
| | Entscheidung für Dosenstelzen | |
| | Entwickeln von Herstellungsmöglichkeiten | |
| | Materialbeschaffung | |
| Deutsch: Tätigkeitsbeschreibung → | Herstellung | ← Lehrgang: Bohren von Metall |
| Mathematik → | Preisvergleich (gekaufte oder gebaute Dosenstelzen) | |
| | Übungen, Wettkämpfe, Staffelläufe | |

* Du kannst zu diesem Thema auch andere Produkte herstellen, wie z. B. Rasenski, Stelzen oder Geschicklichkeitsspiele aus Holz. Dafür musst du anhand dieser Vorlage eine neue Ablaufskizze erstellen.

## Ablaufskizze

**Blumentopf***
(gut geeignet als Muttertagsgeschenk)

| Fächer/Hilfen | Arbeitsschritte | Lehrgänge/Kurse |
|---|---|---|
| | Geschenkideen für Muttertag sammeln | Informationsbeschaffung: Katalog, Unterrichtsgang, … |
| | Entscheidung für Gestaltung von Blumentöpfen | |
| | Sichten von unterschiedlichen Möglichkeiten | |
| Mathematik | Informationen über Angebote und Preise sammeln | |
| Kunst | Finden von Gestaltungsmöglichkeiten | |
| Mathematik: Kostenvergleich | Materialbeschaffung | |
| Kunst | Gestaltung der Blumentöpfe | z. B. Lehrgang: Glasieren oder Serviettentechnik |
| Kunst: Gestalten einer Karte | Einpflanzen von Blumen und Verpacken | |
| Mathematik | Preisvergleich (gekaufte oder selbst gestaltete Blumentöpfe) | |
| | Verschenken | |

* Du kannst zu diesem Thema auch andere Produkte herstellen, wie z. B. Untersetzer oder Brotkörbe aus Holz. Dafür musst du anhand dieser Vorlage eine neue Ablaufskizze erstellen.

# 5 Menschen und Technik

## Arbeitsplätze entwickeln sich

Menschen müssen arbeiten, damit sie sich für ihren Lebensunterhalt die notwendigen Güter und Dienstleistungen kaufen und ihre Wünsche erfüllen können. Daran hat sich seit Bestehen der Menschheit nichts geändert. Was sich verändert hat, ist die Art und Weise, wie gearbeitet wird, das heißt, wie Güter und Dienstleistungen produziert werden. Zu dieser Veränderung im Arbeits- und Herstellungsprozess trägt der Erfindergeist der Menschen seit Jahrtausenden bei.
Immer wieder erfinden sie neue technische Geräte und Maschinen, die ihnen die Arbeit erleichtern oder abnehmen. Arbeitsplatz, Arbeitsvorgänge und die Herstellung von Waren und Gütern haben sich durch den Einsatz von Maschinen verändert. Auch die Aufgaben und Belastungen der Menschen an ihren Arbeitsplätzen haben sich durch die Technik und die technischen Erfindungen gewandelt. Die Arbeit als wesentliche Tätigkeit des Menschen in seinem Leben hat sich, wie du beim Betrachten der Bilder feststellen kannst, verändert. Viele Arbeitsplätze sehen heute ganz anders aus als noch vor 100 oder mehr Jahren.

### Warentransport früher

*Im Hafen einer Hansestadt, 15. Jahrhundert*

### Warentransport heute

*Im Containerhafen von Bremerhaven, 2003*

### Baustelle früher

*Römischer Baukran, 30 v. Chr.*

### Baustelle heute

*Moderne Großbaustelle*

## Industrielle Fertigung früher

*Dreherei, um 1925*

## Industrielle Fertigung heute

*Computergesteuerte CNC-Drehmaschinen*

## Landwirtschaft früher

*Heuernte, um 1930*

## Landwirtschaft heute

*Getreideernte*

**Merke** **Im Laufe der Jahrtausende haben sich die Tätigkeiten des Menschen und die Anforderungen an seinen Arbeitsplatz durch viele Erfindungen und den technischen Fortschritt verändert. Im Verlauf dieser Entwicklung haben sich auch die Arbeitsbedingungen für den Menschen gewandelt und bestimmen seine Arbeit am Arbeitsplatz bei der Herstellung und Verarbeitung und beim Transport von Waren und Gütern.**

1. Beschreibe und vergleiche die Arbeitssituationen der Menschen auf den Bildern dieser beiden Seiten. Stelle die Unterschiede zwischen früher und heute heraus.
2. Sammelt Informationen aus Lexika, Zeitschriften, Büchern, dem Internet, bei Museumsbesuchen usw. zu weiteren Beispielen von Arbeitsplätzen früher und heute.
3. Stellt die Unterschiede auf Plakaten dar.

## Vom Handarbeiter zum Bediener

Technische Erfindungen haben den Menschen das tägliche Leben und die Arbeit erleichtert. Tätigkeiten und Anforderungen in vielen Berufen sowie im täglichen Leben haben sich durch den Werkzeug- und Maschineneinsatz verändert. Das wirkte sich, bedingt durch den permanenten Erfindergeist und das Streben nach technischem Fortschritt, besonders auf die Arbeitsplätze der Menschen aus. Maschinen und technikgeleitete Herstellungsverfahren bestimmen immer mehr die Rolle und Aufgabe des Menschen. Sie verändern nicht nur die Arbeit und den Arbeitsplatz, sondern sie stellen auch immer neue Anforderungen und Herausforderungen an die Rolle des Menschen in seinem Beruf.

**Vom „Handarbeiter" zum „Handwerker"**

Vor vielen Jahrtausenden arbeiteten die Menschen für ihre Grundbedürfnisse: Nahrung, Kleidung und Wohnung. Damals teilten sich die Menschen, die in der Urzeit in Gruppen lebten, die Arbeiten nach dem Geschlecht auf. Die Männer waren für die Nahrungsbeschaffung und die dazu nötigen Jagdwaffen, die Frauen zum großen Teil für die Kinder, die Nahrungszubereitung und die Kleidung zuständig. Im Laufe der Jahrtausende spezialisierten sich einzelne Mitglieder der Gruppe z. B. auf die Jagd, das Töpfern von Gefäßen, das Gerben von Fellen und deren Verarbeitung, die Herstellung von Waffen usw.
„Handarbeit" in Form von Spinnen, Weben, Nähen war weitgehend Familienarbeit. Die ersten „Berufe" wie Zimmerer, Schmied, Töpfer, Müller wurden im Nebenerwerb im Sinne von Nachbarschaftshilfe ausgeübt. Man nannte das „gesellschaftliche Arbeitsteilung". Aus ihr entstanden die Vorläufer der späteren Handwerksberufe. Viele kleine „Handwerkerbetriebe" siedelten sich um die großen Städte und im Umkreis von bedeutenden Klöstern oder entlang von Handelswegen an. Neben dem Bauernstand bildete sich so eine neue Berufsgruppe, die Handwerker.

*„Der Schmidt", 1568*

*Erbauung einer Stadt, um 1480*

**Handarbeit bestimmte die Produktion, einfache Maschinen unterstützten den Handwerker.**

Hauptkennzeichen war, dass die Produkte in der Regel von Hand und mit einfachen Werkzeugen hergestellt wurden.
Der Handwerker plante, entwarf und fertigte das Produkt. Er beherrschte seinen Arbeitsablauf von der Idee bis zur Herstellung des fertigen Produkts. Er musste alle Produktionsschritte kennen und sie auch selbst ausführen. Er war der „Macher", der Handwerker. Er arbeitete für einen bestimmten Kunden, den er kannte und der ihm den Auftrag erteilte.

## Mechanisierung unterstützt die Handarbeit

Schon immer waren die Menschen bemüht, die Arbeit zu vereinfachen, die Produkte zu verbessern und die Erträge zu steigern. Das galt vor Jahrtausenden, das galt im Mittelalter, das gilt auch noch heute. Ein Beispiel dafür ist die Nutzung der Wind- bzw. der Wasserkraft, mit deren Energie man z. B. Getreidemühlen, Sägewerke und Eisenhämmer antrieb und damit die Handarbeit mechanisierte.

## Vom Handwerker zum „Bediener“

Mit der Erfindung der Dampfmaschine und der damit verbundenen technischen Entwicklung änderten sich die Produktionsmethoden grundlegend.

*Über Transmissionswellen betriebene Webstühle, um 1840*

Mit der Nutzung der **Dampfmaschinenkraft** begann die sogenannte **industrielle Revolution**. Unzählige weitere Erfindungen veränderten nachhaltig die Arbeitsplätze der Menschen.

*Moderne Webmaschinen*

Maschinen, angetrieben von Dampfmaschinen, bestimmten nun den Ablauf der Arbeit. Jahrtausendealte Handwerksberufe, wie z. B. die Stoffweber, waren nicht mehr gefragt. Ihre menschliche Muskel- und Arbeitskraft wurde durch maschinell angetriebene Webstühle ersetzt. Tausende Weber verloren ihren Arbeitsplatz. Die Produktion geschah in großen Industriehallen. Viele gleiche Maschinen stellten in kurzer Zeit gleiche Produkte in großer Anzahl her. Zur Bedienung und Überwachung der Maschinen waren nur wenig Arbeitskräfte nötig. Der Bedarf an Handwerkern und Fachkräften änderte sich. Auch die Anforderungen der bestehenden Berufe änderten sich, manche starben aus, manche wurden nur noch vereinzelt ausgeübt.

Die Bediener der Maschinen brauchten keine handwerkliche Ausbildung. Sie wurden in kurzer Zeit angelernt. Sie mussten nur wenige Arbeitsvorgänge kennen und ausführen.
Diese Entwicklung ist bis heute nicht abgeschlossen und betrifft alle Wirtschafts- und Arbeitsbereiche. Elektromotoren und CNC-Steuerungen (PC) beeinflussen heute die Mechanisierung.

1. Zwischen beiden Webereien liegen über 150 Jahre. Beschreibe die Unterschiede der Arbeitsplätze.
2. Befrage Eltern oder Bekannte, wie sich ihr Arbeitsplatz durch Maschinen verändert hat.

## Mensch und Arbeit im technischen Wandel

**Werkzeuge und Maschinen unterstützen und erleichtern die Arbeit des Menschen**

Das Bestreben, sich die Arbeit zu erleichtern, hat den Erfindergeist der Menschen beflügelt. Insbesondere strebten sie danach, die schwere körperliche oder anstrengende Arbeit mithilfe von Werkzeugen und Maschinen zu ersetzen.

Ein Beispiel ist der Fiedelbohrer aus der Steinzeit. Er ist eine „Bohrmaschine“, mit dem die Menschen Löcher in Steine für ihre Steinäxte bohrten. Das Bohren ging einfacher, schneller und war weniger anstrengend als das gleichzeitige Drehen und Drücken des Bohrers mit der Hand. Gewicht und Fiedelbogen erleichterten dem Menschen die Bohrarbeit.

Mit den heutigen Bohrmaschinen ist das Bohren ein „Kinderspiel“. Der körperliche Kraftaufwand ist im Vergleich zur Steinzeitbohrmaschine sehr gering (s. Seite 35).

Der Mensch als Bediener setzt den Bohrer in die Bohrmaschine ein, wählt die Drehzahl für das Werkmaterial aus, und die Bohrmaschine übernimmt das anstrengende eigentliche Bohren.

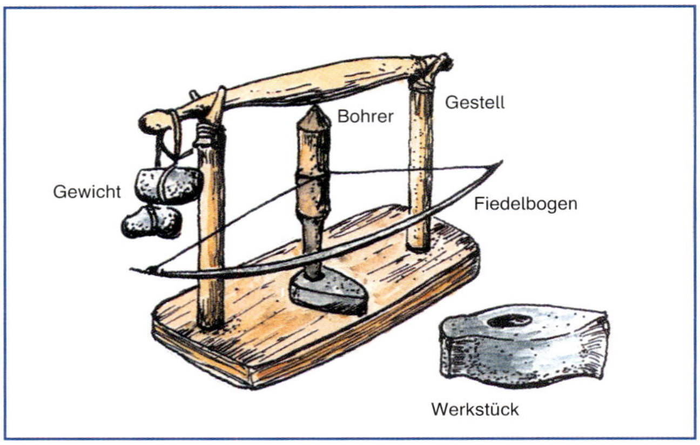


*Fiedelbohrer aus der Steinzeit*

*Vom Handbohrer zur Bohrmaschine*

**1.** Informiert euch genauer über die Entwicklung des Bohrens. Nutzt dazu die Seiten 38 ff.

**2.** Zerlegt eine Bohrmaschine in wichtige Einzelteile. Erklärt vereinfacht deren Funktion.

## Werkzeuge und Maschinen übernehmen die Arbeit des Menschen

Maschinen übernehmen schwere Arbeiten des Menschen. Der Einsatz des Krans zeigt z. B., dass mit Maschinenkraft große Lasten in kurzer Zeit auf die verschiedenen Baustockwerke transportiert werden können. Die Erfindung des Förderbandes übernahm die zeitraubende und mühsame Tragearbeit. Heute wird es als Transportmittel in vielen Arbeitsbereichen verwendet, z. B. zum Be- und Entladen, Verteilen, Lagern, Aussortieren, Versenden usw.

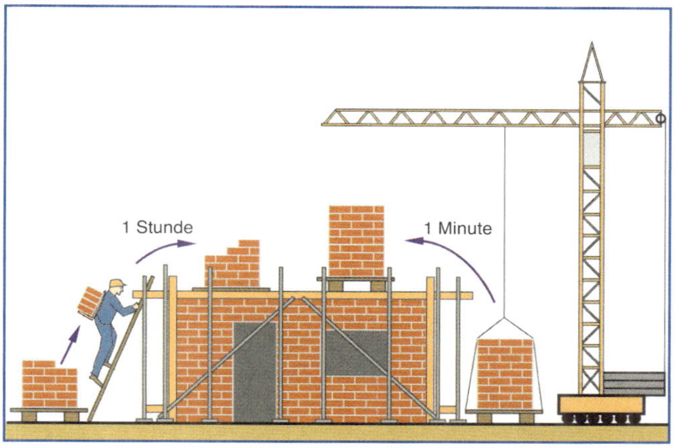

*Maschinenarbeit ersetzt Muskelarbeit*

**Merke** ***Werkzeuge*** **sind Hilfsmittel, die zur Herstellung und Bearbeitung eines Werkstücks benötigt und verwendet werden.** ***Maschinen*** **sind mechanische Vorrichtungen, die Kraft oder Energie übertragen und so die menschliche Muskelkraft ersetzen oder vermindern.**

*Förderband zum Beladen eines Flugzeugs*

1. Sammelt weitere Beispiele, die zeigen, wie Werkzeuge und Maschinen die Arbeit des Menschen erleichtern.
2. Sammelt auch Beispiele von Werkzeugen und Maschinen, die die Arbeit des Menschen übernehmen.
3. Erstellt eine Collage.

## Dampfmaschine

Die Erfindung und das technische Prinzip der **Dampfmaschine** schuf eine neue „Antriebsenergie". Mithilfe von Kohle oder Holz als Brennstoff wird Wasser in einem Kessel erhitzt. Der Wasserdampf dehnt sich aus und treibt einen Kolben an, der wiederum über einen Hebel ein Rad antreibt. Über dieses Antriebsrad können dann weitere Maschinen angetrieben werden.

Die Erfindung des **Verbrennungs-** und des **Elektromotors** setzte diese Revolution fort. Der Vorteil dieser Motoren liegt darin, dass sie mit den Brennstoffen unabhängig von der Wind- oder Wasserenergie zu jeder Zeit und an jedem Ort ständig betrieben werden können.

Technische Erfindungen und Technikeinsatz wurden in vielen Bereichen zur Energieerzeugung und Energieumwandlung genutzt. **Nach dem Konstruktionsprinzip der Dampfmaschine mit den sich auf- und abbewegenden Kolben werden bis heute die Verbrennungsmotoren bei Autos gebaut.** An die Stelle von Wasserdampf treten als Antriebsenergieen Benzin, Diesel oder Gas.

*Modell einer Dampfmaschine mit Antrieb von Minimaschinen*

**Merke** **Erfindungen wie Dampfmaschine, Verbrennungsmotor, Elektromotor usw. und die Nutzung ihrer Antriebsenergien waren die Voraussetzung für die Entwicklung und Erfindung von vielen weiteren Maschinen in allen Bereichen unseres Lebens. Technikeinsatz erzeugt die Energie, die wir Menschen im Beruf, in der Freizeit oder im Privatbereich benötigen.**

1. Beschreibt die Wirkungsweise der Dampfmaschine.
2. Beschreibt den Weg der Kraftübertragung vom Dampfkessel bis zur Maschine.
3. Findet Maschinen, in denen eine ähnliche Technik heute noch verwandt wird.
4. Informiert euch über die Funktionsweise einer Dampfmaschine, z. B. durch ein Modell, einen Film oder in einem Museum.

## Technik in der Landwirtschaft

Der technische Fortschritt führte auch in der Landwirtschaft zu erheblichen Veränderungen.

Mit der industriellen Revolution zogen viele Arbeitskräfte vom Land in die Industriestädte. Durch diese Abwanderung konnte der Bedarf an Arbeitsplätzen in der Landwirtschaft nicht mehr abgedeckt werden. Daher mussten technische Lösungen gefunden werden.

Die Mechanisierung der Landwirtschaft begann mit Dresch- und Erntemaschinen, die von Pferden angetrieben wurden, da Dampfmaschinen für die Felder zu groß und zu schwer waren.

Der erste Traktor mit Benzinmotor wurde 1892 entwickelt, ab 1920 setzten sich Traktoren und auch Mähdrescher zuerst in den USA, ab 1930 dann auch in Europa durch.

Die Zahl der Beschäftigten in der Landwirtschaft sinkt: Während 1920 noch ungefähr die Hälfte der Bevölkerung in der Landwirtschaft arbeitete, sind es heute noch 2 bis 3 %.

**Merke** **Durch die Industrialisierung der Landwirtschaft arbeiten immer weniger Menschen in diesem Bereich. Moderne landwirtschaftliche Maschinen sind sehr teuer, ersetzen jedoch die Arbeitskraft.**

1. Besucht ein Heimat- oder Freilandmuseum und informiert euch über die Landwirtschaft früher.
2. Besichtigt einen Bauernhof. Wählt eine Maschine aus und erklärt deren Funktion.
3. Vergleicht die Ergebnisse miteinander und stellt sie dar.

# Technik in Transport und Verkehr

## Mit Volldampf voraus

Besonders deutlich werden technischer Wandel und technische Erfindungen beim Transport von Menschen und Waren. Die Erfindung der Dampfmaschine revolutionierte nicht nur die Herstellung von Waren in Fabriken, sondern sie veränderte überhaupt das Leben der Menschen. Brauchte man früher noch viele Tage oder Wochen für eine Reise von einem Ort zum anderen, so war dies jetzt in kurzer Zeit mit der **Dampfeisenbahn** oder mit dem **Dampfschiff** möglich. Die Menschen „rückten näher zusammen", das Reisen wurde bequemer, die Zeit der rumpelnden Postkutschen war vorbei. Schnell konnten Waren und Güter in großen Mengen über weite Entfernungen transportiert werden. Damit wurde ein neues Zeitalter im Verkehr eingeleitet.

## Mit Diesel, Benzin und elektrischer Energie

Mit der Erfindung des Elektro- und des Benzinmotors setzte sich diese Entwicklung schnell fort. Die erste verwendbare Elektrolok baute der deutsche Erfinder Werner von Siemens 1879. Nikolaus Otto entwickelte den nach ihm benannten Ottomotor, der mit Benzin angetrieben wird und in Autos, Flugzeugen und zum Antrieb von Maschinen Verwendung findet. Rudolf Diesel entwickelte 1892 den Dieselmotor, der insbesondere in Autos, Lokomotiven und in Schiffen eingebaut wird.

## Vom Träger zum Lenker

Vor der Technisierung des Transport- und Verkehrswesens waren viele Menschen und Transportmittel wie Boote, Wagen oder Zugtiere nötig, um die Waren mit Muskel-, Wind- oder Wasserkraft zu transportieren. Eisenbahn, Schiff, Auto, Lastwagen und Flugzeug erfüllen als Transportmittel eine wichtige Aufgabe im Herstellungsprozess und beim Handel mit Waren und Dienstleistungen. Viele Produkte müssen heute in kürzester Zeit in alle Teile der Welt geliefert werden, damit dort die Produktion weiterlaufen kann und die Menschen mit Waren versorgt werden können.
Heute, in unserer technisierten Welt, hat sich die Aufgabe des Menschen in diesem Bereich geändert. Er hat die Aufgabe, den Warenaustausch und Transport zu planen und möglich zu machen. Die schwere Transportarbeit nehmen ihm moderne Transportmittel wie z. B. Lastwagen, Eisenbahn, Schiff und Flugzeug ab. Er ist der Lenker der Transportmaschinen. Anstelle der früheren Muskelarbeit tritt mehr Kopfarbeit.

1. Stellt die Information über den technischen Wandel in Transport und Verkehr in Stichpunkten zusammen und tragt den Bericht vor.
2. Gestaltet aus den Ergebnissen eine Wandzeitung.

# Technische Entwicklung auf der Baustelle

Wohnen gehört neben Nahrung und Kleidung zu den Grundbedürfnissen der Menschen. Die ersten Menschen lebten in Hütten, die mit Tierhäuten bespannt waren. Etwa 5 500 v. Chr. kann man die ersten stabilen Hausbauten aus mit Lehm gefüllten Flechtwerkwänden nachweisen. Später baute man Häuser aus Steinen oder Felsblöcken.
Die Ägypter entwickelten besondere Techniken, um die Steine auf die Pyramiden zu transportieren, z. B. die **schiefe Ebene** mit Holzbalken als Rollen.
Auch Griechen und Römer bauten vor etwa 2 000 Jahren ihre Häuser mit Dächern, die sie mit Säulen abstützten.
Die Erfindung des **Flaschenzuges** (wahrscheinlich etwa 200 v. Chr. durch den Griechen Archimedes) findet auch heute noch Anwendung bei modernen Kränen. Im Mittelalter wurden Winden und Kräne konstruiert, mit denen man schwere Steine und Bauteile hochheben konnte.
Bauen war immer eine schwere und zeitraubende Angelegenheit. An vielen großen und alten Bauwerken, wie z. B. Kirchen, Brücken und Schlössern, wurde oft mehrere Jahrzehnte oder auch über ein Jahrhundert gebaut. Im Vergleich dazu werden heute Wolkenkratzer in der kurzen Zeit von ein bis drei Jahren errichtet. Durch den Einsatz neuartiger Baumaterialien, wie z. B. Stahlbeton, Kunststoffe, Glas, Aluminium usw., durch weiterentwickelte Baumaschinen und neue Bautechniken sind u. a. Bauten wie Staudämme, Stahlbeton- und Hängebrücken, Tunnels durchs Gebirge oder unter dem Ärmelkanal zwischen Frankreich und England möglich geworden.

*Baukran mit Tretradantrieb, 14. Jahrhundert*

*Großbaustelle, um 1925*

*Moderne Großbaustelle*

**Merke** **Der Arbeitsplatz Baustelle hat sich durch den technischen Wandel verändert. Maschinen und moderne Werkzeuge haben viele Aufgaben der Menschen am Bau übernommen oder erleichtern ihre Arbeit.**

1. Beschreibe Baustellen früher und heute: Was fällt dir auf?
2. Auf den letzten Seiten wurden die wichtigsten technischen Erfindungen und Entwicklungen dargestellt. Sammle diese Ereignisse und ergänze sie mit weiteren Ereignissen. Erstelle eine Zeitleiste (s. Seite 68).

## Strategie: Eine Zeitleiste erstellen

**Merke** **Eine Zeitleiste ist eine grafische Darstellung von nacheinander ablaufenden Ereignissen. Sie dient zur Veranschaulichung zeitlicher Abfolgen.**
**Die Grundstruktur einer Zeitleiste kennst du bereits aus dem Mathematikunterricht als Zahlenstrahl. Anstelle der mathematischen Zahlen stehen nun die Jahreszahlen, z. B. von Erfindungen oder Ereignissen.**
**Die Inhalte einer Zeitleiste kannst du dir leichter merken, wenn du Bilder und Geschichten dazu entwickelst.**

Bei der Erstellung einer Zeitleiste gehst du in folgender Reihenfolge vor:

1. Zuerst listest du die Ereignisse nach ihren Jahreszahlen.

2. Nun legst du die Zeitspanne deines Zeitstrahls fest (1,5 cm = 20 Jahre).

3. Im nächsten Schritt zeichnest du die Zeitleiste und trägst die Jahreszahlen ein.

4. Nun ordnest du die Ereignisse den richtigen Jahreszahlen zu. Dabei kannst du mit kurzen Texten und mit Bildern arbeiten.

# Moderne technische Geräte und Maschinen verändern die Arbeit

Technische Geräte und Maschinen werden in allen Lebensbereichen des Menschen für seine Arbeit genutzt. Jedoch bestimmt die Technik auch das Leben und den Arbeitsplatz des Menschen.
Roboter, vom Computer gesteuerte Maschinen und Automaten haben in den letzten Jahren den Arbeits- und Herstellungsablauf bei der Warenproduktion oder in der Dienstleistung verändert, z. B. werden Automaten oder Roboter über ein Programm, das die Arbeitsanweisungen für bestimmte Arbeitsvorgänge enthält, gesteuert.

*PC-Montage am Fließband*

*Autoproduktion mit Robotern*

## Fließbänder und Roboter bestimmen die Arbeitsgeschwindigkeit des Menschen

In der Großindustrie, z. B. bei der Autoproduktion, haben Roboter und Automaten viele Arbeiten der Menschen übernommen. Die Fließfertigung bestimmt den Arbeitsablauf in der Produktion. Zum Beispiel wurden bei der Herstellung von Autos alle anfallenden Arbeiten in einzelne Arbeitsschritte zerlegt. Der Arbeiter ist für einen bestimmten Arbeitsschritt, z. B. das Montieren der Türen, Einsetzen der Windschutzscheibe usw. zuständig. Die Handgriffe sind genau festgelegt. Diese Handgriffe und einzelnen Arbeitsabfolgen werden z. B. in der Autoindustrie in Steuerprogramme eines Computers eingegeben (Teach-in-Verfahren). Der Roboter übernimmt dann die Arbeit. Bei einigen Autoherstellern wird ein Auto komplett von Robotern gebaut. Durch diese Rationalisierung der Arbeit werden in weniger Zeit von weniger Arbeitern mehr Produkte hergestellt. Nachteile: Wegfall von Arbeitsplätzen und Bestimmung der Arbeitsgeschwindigkeit durch festgelegte Arbeitstakte.

**Merke** **Der *technische Wandel* hat durch technikgeleitete und mechanisierte Arbeits- und Herstellungsverfahren viele Arbeitsplätze verändert. Durch den zunehmenden Einsatz von Maschinen, Automaten und Computern wandelt sich die Rolle des Menschen vom „Handarbeiter" zum Bediener, Überwacher und Kontrolleur von Maschinen.**

**1.** Stellt ein Produkt handwerklich her und informiert euch, wie dieser Gegenstand in einem modernen Betrieb produziert wird.
Die drei folgenden Ablaufskizzen geben euch Beispiele für diese Projekte.

## Ablaufskizze

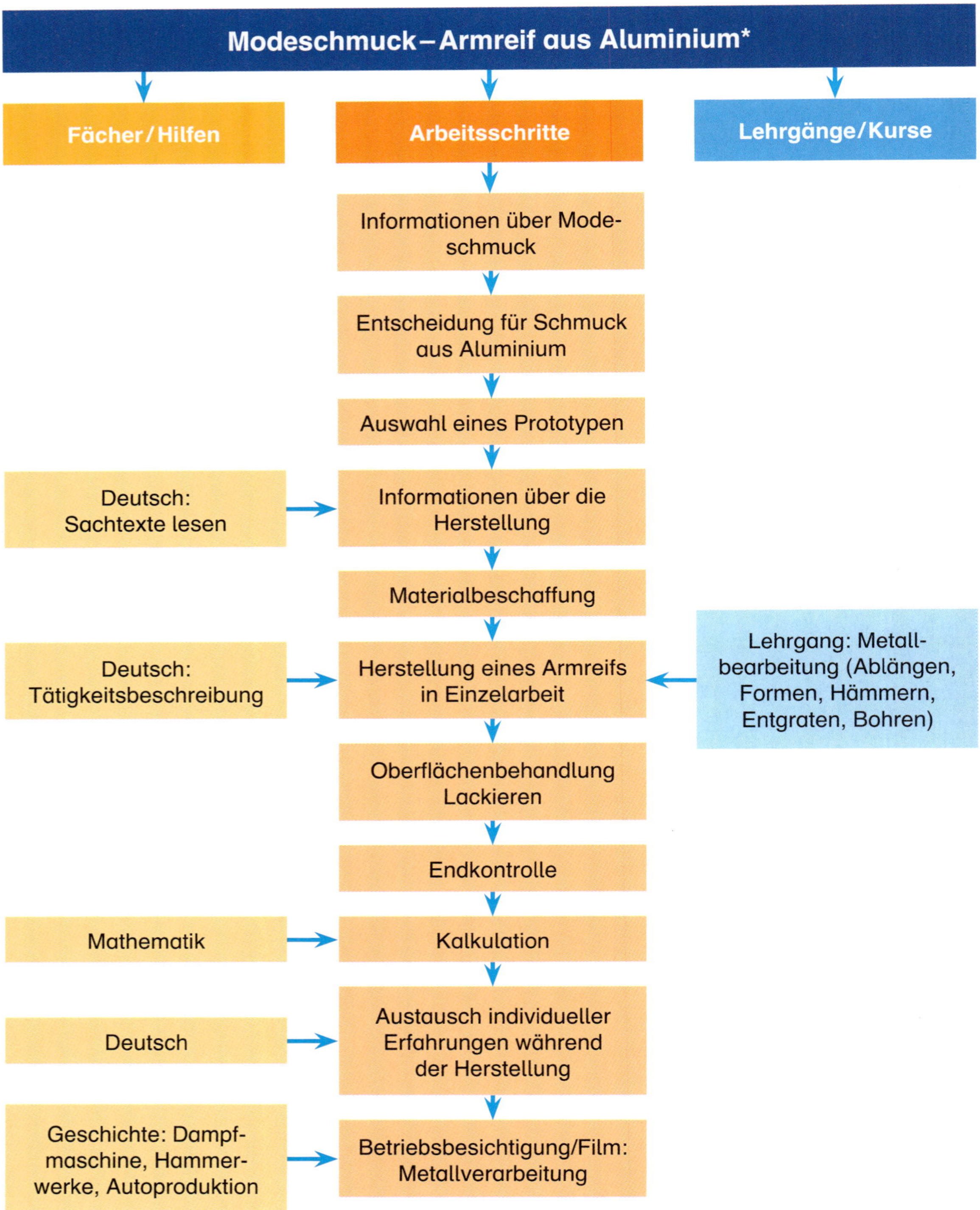

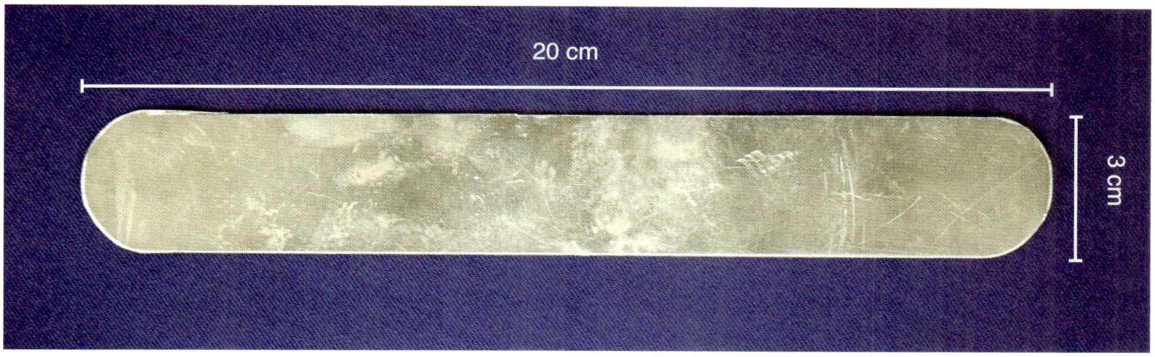

* Du kannst zu diesem Thema auch andere Produkte herstellen, wie z. B. Ohrringe aus Silberdraht, Haarspangen aus Holz oder Metall oder Broschen. Dafür musst du anhand dieser Vorlage eine neue Ablaufskizze erstellen.

## Ablaufskizze

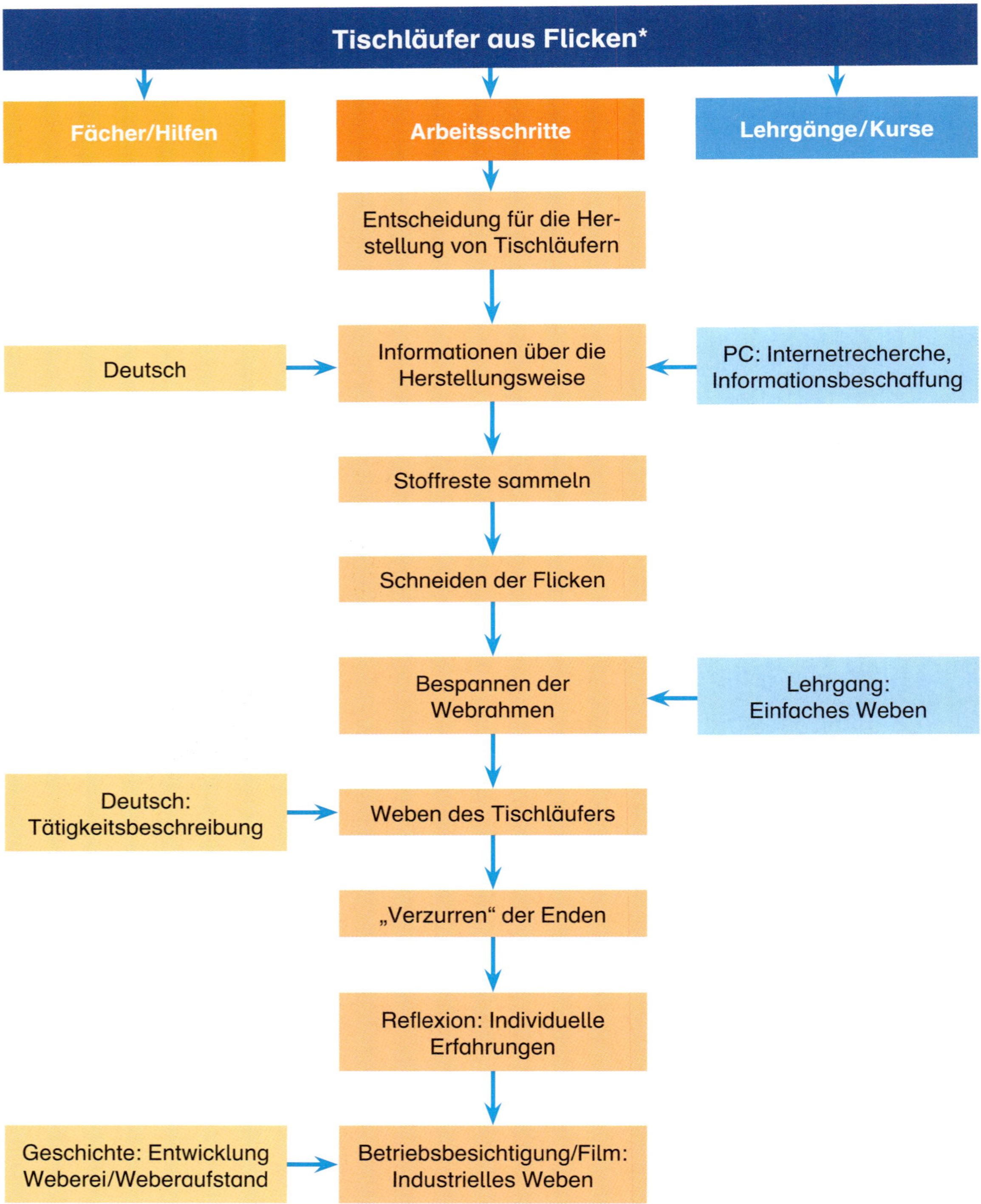

* Du kannst zu diesem Thema auch andere Produkte herstellen, wie z. B. Teppiche oder Tischsets aus dicker Wolle stricken, u. a. auch mit der Strickmaschine. Dafür musst du anhand dieser Vorlage eine neue Ablaufskizze erstellen.

## Ablaufskizze

**Brot backen***

| Fächer/Hilfen | Arbeitsschritte | Lehrgänge/Kurse |
|---|---|---|
| | Auftrag: Brote backen für einen Anlass | |
| Deutsch: Sachtexte lesen → | Informationen über verschiedene Brotarten | ← Informationsbeschaffung im Internet: Bäcker |
| | Entscheidung für Roggenbrot | |
| Deutsch: Rezepte lesen → | Festlegen der Zutaten | |
| | Erstellen der Einkaufsliste | |
| | Einkaufen | |
| Hilfe: Informationen von externen Fachkräften Mathematik: Wiegen und Abmessen → | Herstellung des Teigs | ← Lehrgang: Teigherstellung (Mischen, Kneten, Rühren, …) |
| Geschichte: Backen früher und heute → | Aufheizen des Backofens (ideal im Backhaus) | ← Lehrgang: Elektroherd (Aufheizen im Backhaus) |
| Deutsch: Tätigkeitsbeschreibung → | Backen der Brote | ← Lehrgang: Brotbacken (Temperatur, Garprobe, …) |
| Mathematik → | Preiskalkulation (Fix-, Produktions- und Arbeitskosten) | |
| | Verkostung/Verkauf | |
| Deutsch: Erkundungsbogen → | Betriebsbesichtigung Großbäckerei | |

* Du kannst zu diesem Thema auch andere Produkte herstellen, wie z. B. Säfte, Marmelade oder einfache Gebäckstücke und Gerichte. Dafür musst du anhand dieser Vorlage eine neue Ablaufskizze erstellen.

# 6 Schüler haben Geld

## Die Entwicklung des Geldes

Naturaltausch

Warengeld

Metallgeld

Münzgeld

Bargeld

Buchgeld

Vor sehr langer Zeit gab es noch kein Geld. Die Menschen tauschten Waren untereinander. Es konnte sein, dass jemand einen Pflug brauchte und dafür ein Schwein geben wollte. Der Mann, der einen Pflug herzugeben hatte, brauchte aber kein Schwein, sondern ein Kalb. So mussten die beiden lange suchen, bis sie jemanden fanden, mit dem sie tauschen konnten.

Keiner wusste beim Tauschen, welchen Wert die eine oder die andere Ware hatte. Daher kam es oft zu Streit. Die Menschen legten deshalb den Wert der Waren fest. In manchen Gegenden waren Rinder besonders viel wert. Dort maßen die Menschen den Wert aller Waren in Rindern. In anderen Gegenden war Salz besonders wertvoll. Hier maßen die Leute den Tauschwert am Salz. Sie bezahlten alles mit Salz („Salzgeld“). Es wurden alle möglichen Dinge als „Geld“ benutzt: Muscheln, Hundezähne, Federn, schöne Steine, Pelze oder sogar Fische.

Aber Salzsäcke und Fische konnte man nicht immer mit sich herumschleppen. Das Salz konnte nass werden und sich auflösen, die Fische begannen bald zu stinken. Diese Geldarten behielten ihren Wert nicht oder waren nicht überall gleich viel wert.
Als die Menschen Metalle aus Erzgestein schmelzen konnten, bezahlten sie deshalb lieber mit Eisen, Kupfer, Silber und Gold. Besonders Silber und Gold waren überall selten und wertvoll.

Zuerst wurden die Metallbrocken bei jedem Kauf abgewogen. Das war aber umständlich. Man machte also fertig abgewogene Stücke daraus. Die Könige und Fürsten ließen Bilder und Zeichen mit Stempeln in die Gold- und Silberstücke prägen. Man sah dann gleich, was dieses Metallstück wert war.

Das Gewicht der Münzen und die Unsicherheit auf den Handelswegen durch räuberische Ritter brachte einige Kaufleute auf die Idee, für die zu Hause aufbewahrten Münzen Gutschriften über den Betrag auszustellen, den die Ware wert war. Der Handelspartner konnte für diesen Gutschein entsprechende Waren einkaufen und ein dritter Kaufmann nahm diese Gutschrift wieder mit an den Ort des ersten, um sie gegen Münzen einzutauschen. Daraus entwickelten sich das Papiergeld und der bargeldlose Zahlungsverkehr.

1. Ordne die Textpassagen den Bildern zu.
2. Versucht in eurer Klasse einen Tauschhandel ohne Geld aufzuziehen. Tauscht dabei Gegenstände, die ihr mitgebracht habt (Comics, Stifte, …)
3. Wiederholt diesen Handel mit Geld. Benutzt dazu Spielgeld aus einem Gesellschaftsspiel oder stellt selbst welches her.
4. Vergleicht die beiden Spiele miteinander. Überlegt die Vorteile der Geldwirtschaft.

# 6 Schüler haben Geld

## Wert und Bedeutung von Geld

Geld regiert die Welt.

Geld ist das halbe Leben.

Geld muss man haben.

Geld ist zum Leben da.

Geld ist nicht alles.

Bei Geld hört die Freundschaft auf.

Nur mit Geld ist man jemand.

Geld muss man ausgeben.

Geld macht nicht glücklich, aber zufrieden.

Nur mit Geld kann man das Leben genießen.

Geld ist ein notwendiges Übel.

**Merke** **Geld wird benötigt, um Wünsche und Bedürfnisse zu erfüllen. Ohne Geld wäre das Leben schwierig. Man muss Geld erwirtschaften und damit sinnvoll umgehen. Dazu muss man überlegen, wie viel Geld man ausgeben oder sparen kann. Wenn man mehr Geld ausgibt als man hat, macht man Schulden.**

1. Diskutiert die Inhalte der obigen Aussagen. Welche Meinungen vertretet ihr?
2. Welche Aussagen kennt ihr noch?
3. Wie viel Geld hast du zur Verfügung und was machst du damit?

# Woher Kinder und Jugendliche ihr Geld bekommen

Jeder Mensch hat Bedürfnisse, die er oft nur durch einen Kauf befriedigen kann. Um dies zu ermöglichen, kann man selbst das Entsprechende kaufen oder man lässt es sich schenken. In beiden Fällen ist dazu aber Geld erforderlich.

Simone und Klaus:
„Unsere wichtigste ‚Geldquelle' ist das Taschengeld. Wir bekommen es regelmäßig pro Monat von unseren Eltern. Es ist nicht sehr viel, aber es reicht."

Martina:
„Mein Geld bekomme ich hauptsächlich zu besonderen Anlässen von meinen Verwandten, und dabei besonders von Oma und Opa."

Gerhard:
„Das meiste Geld erhalte ich als Lohn für Arbeit. Ich helfe bei Nachbarn und Bekannten und trage dazu noch Zeitschriften aus!"

Julia:
„Ich habe ein Sparbuch. Ich zahle darauf regelmäßig einen Teil meines Taschengeldes ein und bekomme Zinsen."

1. Welche „Geldquellen" werden von den Betroffenen angegeben und welche besitzt ihr?
2. Wodurch unterscheiden sich die vier „Geldquellen"?
3. Wieso ist das Sparbuch eine „Geldquelle"?
4. Wann und wo hast du dir schon Geld als Lohn für eine erledigte Arbeit verdient? Berichte von der Art, der Dauer, dem Zeitpunkt und der Lohnhöhe für diese Arbeit.

## Taschengeld

Oliver:
„Als Jugendlicher steht mir Taschengeld in einer bestimmten Höhe zu."

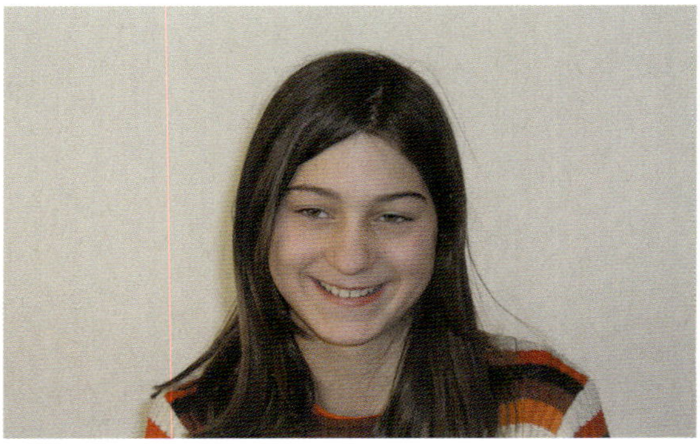

Nicole:
„Taschengeld muss nicht sein, wenn man bei Bedarf genügend Geld bekommt."

Frau Rieger:
„Meine Kinder erhalten ein wöchentliches Taschengeld. Sie müssen aber einen Teil davon sparen."

Herr Krause:
„Taschengeld ist Geld für die Tasche, also zum Ausgeben. Es sollte hoch genug sein. Über die Verwendung entscheidet das Kind."

**Merke** **Die Meinungen über das Taschengeld sind unterschiedlich. Kinder und Jugendliche haben diesbezüglich hohe Ansprüche, die von den Eltern oft nicht realisiert werden können.**

1. Welche Meinung vertrittst du?
2. Bekommst du Taschengeld? Welche Regelung würdest du dir wünschen?
3. Diskutiert über diese Wünsche. Können sie erfüllt werden?
4. Schreibe einen Antrag zur Erhöhung des Taschengeldes an deine Eltern und begründe ihn.

## Gründe für Taschengeld

**Mit dem Taschengeld lernt man**

- Kaufentscheidungen zu treffen
- mit Geld sorgsam umzugehen
- das Geld einzuteilen
- …
- Kaufentscheidungen zu planen
- mit Geld zu wirtschaften
- …
- mit Geld Wünsche zu erfüllen
- den Wert des Geldes zu erfahren
- die Freude am Geld zu entdecken
- die Wichtigkeit des Sparens zu erkennen
- einen Überblick über die finanziellen Mittel zu behalten

**Merke**

**Du besitzt keinen Anspruch auf Taschengeld. Deine Eltern müssen dir daher keines gewähren. Es gibt aber wichtige Gründe dafür, warum sie dir Taschengeld geben. Der wichtigste Grund ist, dass du lernst, sinnvoll mit Geld umzugehen.**

1. Erklärt, was die Aussagen bedeuten.
2. Gibt es noch andere Gründe?
3. Taschengeld ist nicht nur für dich sinnvoll. Erstelle eine Tabelle und sortiere die Gründe, die für dich wichtig sind, und die Gründe, die für deine Eltern wichtig sein könnten.

## Kriterien für das Taschengeld

**Merke** **Wenn das Taschengeld seine Hauptaufgabe erfüllen soll, sollten die Auszahler Regeln beachten. Taschengeld ist kein Lohn. Es sollte frei verfügbar sein und in der Höhe dem Alter entsprechen. Eine regelmäßge und pünktliche Auszahlung ist notwendig, um mit dem Taschengeld planen zu können.**

1. Erkläre die angegebenen Regelungen und versuche sie zu begründen.
2. Berichte von deinen Erfahrungen.

**Merke** **Zu der Höhe des Taschengeldes gibt es unterschiedliche Vorschläge. Sie berücksichtigen meistens nur das Alter. Es gibt aber noch andere Gesichtspunkte, von denen die Höhe des Taschengeldes abhängen kann, wie z. B. das Einkommen der Eltern.**

1. Welche Ursachen kennt ihr noch, von denen die Höhe des Taschengeldes beeinflusst werden kann?
2. Diskutiert und gewichtet die einzelnen Ursachen für die Höhe des Taschengeldes und begründet eure Entscheidung.
3. Sucht im Internet eine aktuelle Tabelle über die Höhe des Taschengeldes. Diskutiert darüber.

## Kinderarbeit – der erste Verdienst

Mein Taschengeld ist nicht sehr hoch. Da ich gerne ins Kino gehe und auch viel übers Handy telefoniere, reicht es nicht aus.
Um es aufzubessern, helfe ich meinen Nachbarn. Ich kaufe für sie ein und führe ihren Hund Gassi. Das bringt jede Woche ein paar Euro.

Mein Taschengeld ist angemessen. Wegen meines Hobbys – ich baue Modellflugzeuge – ist es immer knapp. Durch Gartenarbeit wie Mähen und Unkraut jäten sowie Nachhilfe für meinen Freund bessere ich es auf. Dabei bleibt jeden Monat noch etwas für das Sparbuch über.

**Merke** **Kinderarbeit ist in Deutschland verboten. Dies ist in der Kinderarbeitsschutzverordnung und im Jugendarbeitsschutzgesetz geregelt.**

1. Lest die Auszüge aus der Kinderarbeitsschutzverordnung und dem Jugendarbeitsschutzgesetz.
2. Dürfen die beiden Jugendlichen ihre „Arbeit" machen? Entscheide und begründe.
3. In welchen Bereichen kannst du beschäftigt werden?
4. Welche Tätigkeiten kannst du nach deinem 13. bzw. 14. Geburtstag ausüben?
5. Erstellt eine Ferienjobbörse für eure Region. Als Hilfe dient die Ablaufskizze.

**Auszug aus der Kinderarbeitsschutzverordnung**
**§ 2 (Zulässige Beschäftigungen)**

(1) Kinder über 13 Jahre und vollzeitschulpflichtige Jugendliche dürfen nur beschäftigt werden

1. mit dem Austragen von Zeitungen, Zeitschriften, Anzeigenblättern und Werbeprospekten,
2. in privaten und landwirtschaftlichen Haushalten mit
   a) Tätigkeiten in Haushalten und Garten,
   b) Botengängen,
   c) der Betreuung von Kindern und anderen zum Haushalt gehörenden Personen,
   d) Nachhilfeunterricht,
   e) der Betreuung von Haustieren,
   f) Einkaufstätigkeiten mit Ausnahme des Einkaufs von alkoholischen Getränken und Tabakwaren,
3. in landwirtschaftlichen Betrieben mit Tätigkeiten bei
   a) der Ernte und der Feldbestellung,
   b) der Selbstvermarktung landwirtschaftlicher Erzeugnisse,
   c) der Versorgung von Tieren,
4. mit Handreichungen beim Sport,
5. mit Tätigkeiten bei nicht gewerblichen Aktionen und Veranstaltungen der Kirchen, Religionsgemeinschaften, Verbände, Vereine und Parteien, wenn die Beschäftigung nach § 5 Abs. 3 des Jugendarbeitsschutzgesetzes leicht und für sie geeignet ist.

**Auszug aus dem Jugendarbeitsschutzgesetz § 5 (Verbot der Beschäftigung von Kindern)**

(1) Die Beschäftigung von Kindern (§ 2 Abs. 1) ist verboten.

(3) Das Verbot gilt ferner nicht für die Beschäftigung von Kindern über 13 Jahren mit Einwilligung des Personensorgeberechtigten, soweit die Beschäftigung leicht und für die Kinder geeignet ist. Die Beschäftigung ist leicht, wenn sie auf Grund ihrer Beschaffenheit und der besonderen Bedingungen, unter denen sie ausgeführt wird,

1. die Sicherheit, Gesundheit und die Entwicklung der Kinder,
2. ihren Schulbesuch, ihre Maßnahmen zur Berufswahlvorbereitung oder Berufsausbildung, die von der zuständigen Stelle anerkannt sind, und
3. ihre Fähigkeit, dem Unterricht mit Nutzen zu folgen, nicht nachteilig beeinflusst. Die Kinder dürfen nicht mehr als zwei Stunden, in landwirtschaftlichen Familienbetrieben nicht mehr als drei Stunden täglich, nicht zwischen 18 und 8 Uhr, nicht vor dem Schulunterricht und nicht während des Schulunterrichts beschäftigt werden.

(4) Das Verbot des Abs. 1 gilt ferner nicht für die Beschäftigung von Jugendlichen (§ 2 Abs. 3) während der Schulferien für höchstens vier Wochen im Kalenderjahr.

## Sparbuch oder Sparkonto

Alles Geld, das ich nicht unbedingt brauche, kommt auf mein Sparbuch. Dort ist es sicher und ich bekomme auch noch Zinsen dafür. Wenn ich Geld brauche, kann ich es abheben.

Ich habe mein Geld nur in meiner Geldbörse. Da habe ich mein Geld immer griffbereit. Ich kann es dann ausgeben, wann ich will, und muss nicht immer erst zur Bank oder Sparkasse laufen.

Mein übriges Geld kommt in die Sparbüchse. Da kann ich es nicht mehr sofort haben. Den Schlüssel dazu haben meine Eltern. Gemeinsam entscheiden wir, wann und zu welchem Zweck wir die Sparbüchse öffnen.

Ich habe ein Sparkonto bei meiner Bank. Darauf kommt mein ganzes Geld. Wenn ich etwas kaufen will, kann ich mit meiner Karte Geld abheben.

Die Frage, ob ein Sparbuch oder Sparkonto eine „Geldquelle" ist, ist nicht leicht zu beantworten. Du musst erst Geld beim betreffenden Geldinstitut einzahlen, bevor du wieder Geld bekommen oder abheben kannst. Es ist aber sicher eine Möglichkeit, Geld sinnvoll zu sammeln, also zu sparen, und es auch noch durch Zinsen zu vermehren, weil:

- dein Geld sicher ist;
- du dafür weiteres Geld bekommst (Zinsen!);
- du jederzeit Geld abheben kannst;
- du immer weißt, wie viel Geld du besitzt;
- du mit deinem Geld langfristig planen kannst;
- du die Ein- und Auszahlungen kontrollieren kannst;
- du mit Zustimmung der Eltern selbst darüber verfügen darfst.

**Merke** **Taschengeld und Geldgeschenke sind die Haupteinnahmequellen von Kindern und Jugendlichen. Dabei ist der Taschengeldbetrag nicht für jeden gleich hoch. Ein Teil davon sollte immer gespart werden. Sparbuch oder auch Sparkonto sind dafür die geeigneten Möglichkeiten.**

1. Welche Meinungen werden vertreten und wie verhalten sich die vier beim Sparen?
2. Diskutiert im Gesprächskreis die Vor- und Nachteile eines Sparbuches oder Sparkontos.
3. Macht einen Unterrichtsgang zu einer Bank (s. Ablaufskizze).

## Ablaufskizze

**Unterrichtsgang zu einer Bank**

| Fächer/Hilfen | | Arbeitsschritte | | Lehrgänge/Kurse |
|---|---|---|---|---|
| | | Entscheidung zum Unterrichtsgang | | |
| | | ↓ | | |
| | | Festlegung einer Bank | | |
| | | ↓ | | |
| Deutsch | → | Schreiben an die Bank ggf. Telefonat mit der Bank | ← | PC: Textverarbeitung |
| | | ↓ | | |
| | | Terminfestlegung | | |
| | | ↓ | | |
| Deutsch | → | Erstellen eines Fragenkatalogs | | |
| | | ↓ | | |
| | | Unterrichtsgang zur Bank | | |
| | | ↓ | | |
| | | Informationsgespräch: Sparkonto/Sparbuch, Geldautomat/Auszugsdrucker, Bankschalter, Weltspartag, Ein- und Auszahlung, Kontoeröffnung (fiktiv) | | |
| | | ↓ | | |
| Deutsch | → | Ausfüllen von Formularen (Kontoeröffnung, Ein- und Auszahlung) | | |
| | | ↓ | | |
| Deutsch | → | Erstellen einer Wandzeitung | | |

## Ablaufskizze

### Ferienjobbörse*

| Fächer/Hilfen | Arbeitsschritte | Lehrgänge/Kurse |
|---|---|---|
| | Gespräch über Verdienstmöglichkeiten | |
| | Entscheidung zur Ferienjobbörse | |
| | Sammeln von Informationsquellen (regionale Betriebe, gelbe Seiten, Rathaus …) | |
| Deutsch → | Recherche (Finden von Betrieben) | ← Lehrgang: Umgang mit Gelben Seiten |
| Deutsch → | Erstellen eines Fragenkatalogs | |
| | Vorbereiten der Anfragen in den Betrieben | |
| | Nachfragen in den Betrieben | ← Lehrgang: Verhaltensregeln |
| | Sammeln der Ergebnisse | |
| | Erstellen einer Ferienjobbörse | |
| Deutsch → | Vorstellen der Kartei in anderen Klassen | |
| Deutsch → | Auswahl eines Ferienjobs | |
| Deutsch → | Bewerbung | |

* Du kannst zu diesem Thema auch andere Projekte planen, wie z. B. Plakate, die Durchführung einer Infoveranstaltung. Dafür musst du anhand dieser Vorlage eine neue Ablaufskizze erstellen.

# 7 Schüler sind Konsumenten

## Wofür Schüler ihr Geld ausgeben

Johann:
„Das meiste Geld gebe ich fürs Handy und für Klamotten im Fachgeschäft aus. Süßigkeiten kaufe ich weniger."

Miguell:
„Den größten Teil meines Geldes gebe ich für Computer- und Videospiele aus. Der Rest kommt in die Sparbüchse. Ich gehe ins Kaufhaus oder kaufe im Internet."

Monika:
„Viel Geld brauche ich fürs Kino und für Fast Food. Den Rest spare ich meist für Kleidung aus dem Versandhaus."

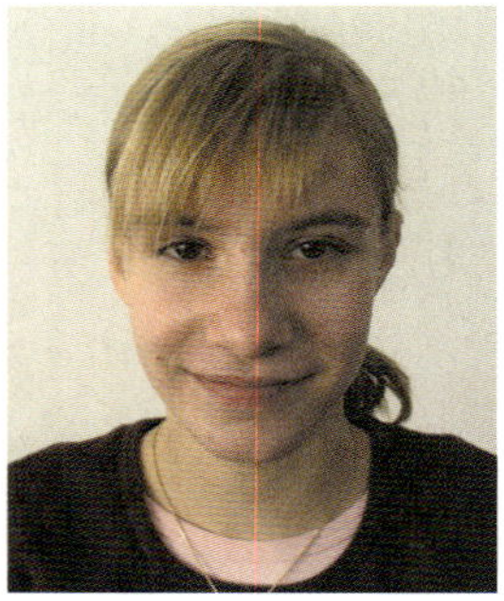

Valentina:
„Ich gebe mein Geld hauptsächlich für Kosmetik, Zeitschriften und Bücher aus. Manchmal reicht es auch noch für eine CD. Meistens kaufe ich im Supermarkt."

1. Wofür geben Jungen und Mädchen ihr Geld aus?
2. Welche Gründe könnten sie dafür haben?

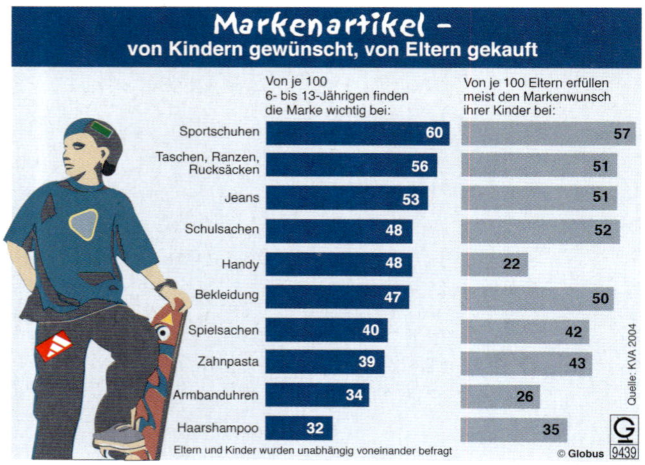

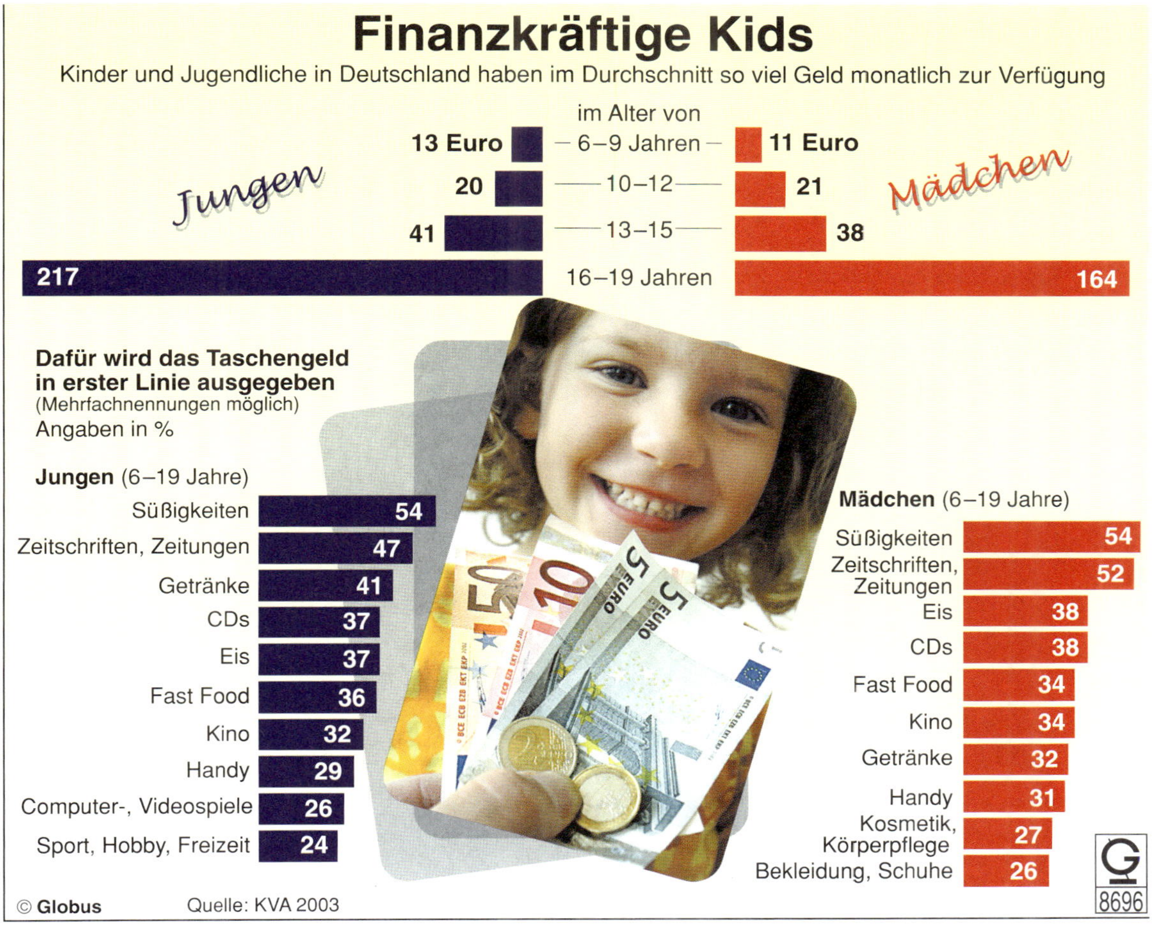


**Merke** **Es ist bekannt, dass Kinder und Jugendliche viel Geld besitzen. Sie bilden eine große Gruppe potentieller Konsumenten. Die Wirtschaft erforscht das Kaufverhalten dieser Gruppe und bewirbt sie intensiv. Durch geschickte Werbestrategien gelingt es ihr, immer wieder neue Kaufbedürfnisse zu wecken.**

1. Was sagen die Schaubilder aus?
2. Welche Unterschiede im Kaufverhalten gibt es zwischen Mädchen und Jungen?
3. Wofür gebt ihr euer Geld aus?
   Führt in der Klasse eine Befragung durch und stellt die Ergebnisse in Balken-, Säulen- oder Kreisschaubildern dar (siehe Seite 19).

## Einflüsse auf das Kaufverhalten

**Merke**

**Kaufen macht Spaß, kann aber auch negative Folgen, wie z. B. Verschuldung, haben.**
**Die Gründe für den Kauf können unterschiedlich sein. Es kann ein gezielter Einkauf sein, der Einkauf erfolgt aus einer Gewohnheit oder der Einkauf ergibt sich aus einem Impuls.**

1. Diskutiert über die Aussagen.
2. Beschreibt eure Erfahrungen.

**Merke**

**Das Kaufverhalten wird durch viele Faktoren beeinflusst. Die größten Faktoren bei Jugendlichen sind Freunde, Mode, Werbung, Interessen und Neigungen.**

1. Die Aufzählung ist nicht vollständig. Welche anderen Gründe und Einflüsse gibt es noch?
2. Wie läuft eine Beeinflussung ab? Stellt sie spielerisch dar.

# 6 Schüler sind Konsumenten

## Einkaufsmöglichkeiten

*Kaufhaus*

*Supermarkt*

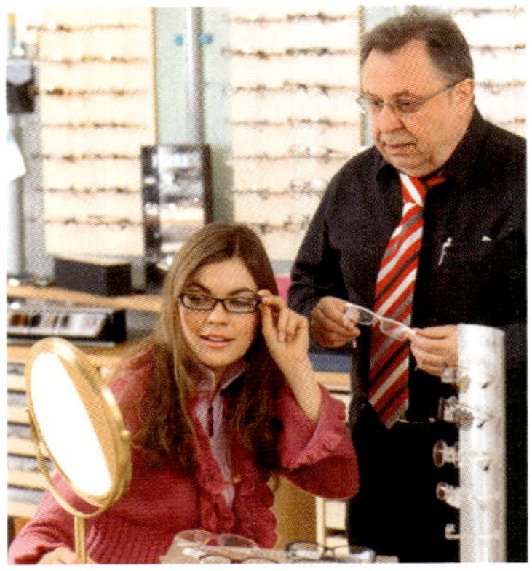

*Fachgeschäft*

*Markt*

*Versandhauskatalog*

*Internet*

**Merke**

**Es gibt unterschiedliche Einkaufsmöglichkeiten. Die Entscheidung für einen Einkauf hängt ab von**

- **dem Angebot**
- **der Auswahlmöglichkeit**
- **der Qualität**
- **dem Preis**
- **der Bedienung**
- **der Beratung**
- **der Lieferung**
- **dem Aussehen**
- **dem Rückgaberecht**
- **...**

1. Besprecht die Bilder. Gibt es weitere Einkaufsmöglichkeiten?
2. Besprecht den Merksatz. Welche dieser Punkte sind für dich wichtig? Begründe.
3. Welche Form der Einkaufsmöglichkeiten entspricht deinen Vorstellungen?

## Verantwortlicher Umgang mit Geld

| Preisangaben | Vertragshandy | Kartenhandy |
|---|---|---|
| Anschaffungspreis | 1,00 € | 189,00 € |
| Grundgebühr monatl. | 15,00 € | – |
| Laufzeit | 24 Mon. | unbegrenzt |
| Freie Inklusivminuten | 50 | – |
| Kosten für Anrufe:<br>– zum Festnetz | 0,40 € | 0,79 € |
| – im eigenen Netz | 0,40 € | 0,39 € |
| – zu anderen Netzen | 0,60 € | 0,60 € |
| SMS | 0,19 € | 0,19 € |
| MMS | 0,39 € | 0,39 € |

**Merke** **Unabhängig davon, wie viel Geld du hast oder bekommst: Es ist nie so viel, dass du damit alle deine Wünsche erfüllen kannst. Darum musst du mit deinem Geld sorgsam und vernünftig umgehen. Das Wichtigste ist dabei, dass deine Ausgaben deine Einnahmen nicht überschreiten.**

1. Welche Vorteile hat das Vertragshandy, welche das Kartenhandy?
2. Welches Handy würdest du kaufen? Begründe.

## Verantwortlich einkaufen

Für jeden, der etwas kaufen will, gibt es die zwei folgenden Einkaufsziele:

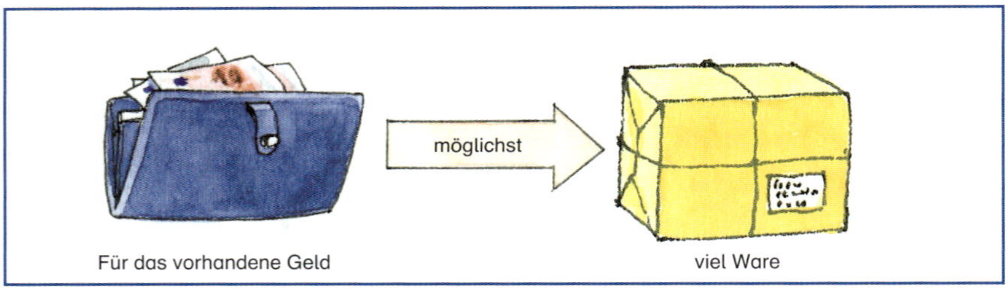


Man versucht, für sein vorhandenes Geld möglichst viel zu bekommen.

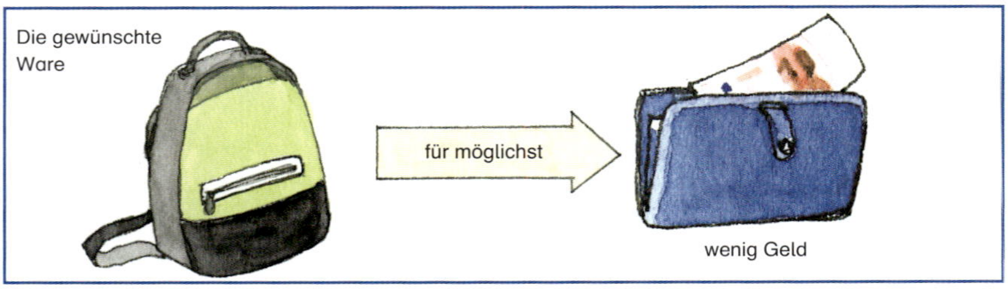


Man versucht das, was man kaufen will, möglichst billig zu erhalten.

**Merke**

**Neben den beiden Kaufmöglichkeiten gibt es weitere Regeln für einen klugen Käufer. Dabei treffen aber nicht immer alle Maßnahmen auf jeden Kauf zu.**

- **Nutzen überlegen**
- **Preise vergleichen**
- **Wert abschätzen**
- **Qualität prüfen**
- **Notwendigkeit bedenken**
- **Informationen sammeln**
- **Alternativen suchen**
- **Rentabilität beachten**
- **Lebensdauer abwägen**
- **Sonderangebote nutzen**
- **Testergebnisse einbeziehen**
- **Marken überprüfen**
- **...**

1. Versucht im Rollenspiel die beiden Einkaufsmöglichkeiten darzustellen.
2. Welche der beiden Arten hast du schon angewandt? Berichte.
3. Was spielt bei euren Einkäufen eine Rolle? Belegt es anhand von Beispielen.
4. Erstellt eine Liste mit klugen Maßnahmen für den Kauf von Sportschuhen.

# 8 Arbeitsplatzerkundungen

## Arbeitsplätze der Eltern

Karl: „Mein Vater ist Polier bei einer Baufirma. Meine Mutter bearbeitet Kundenaufträge im Büro der Verpackungsfirma Stroll."

Gerhard: „Meine Eltern bewirtschaften einen landwirtschaftlichen Betrieb. Da kenne ich alle Arbeiten. Meine Eltern sind gerne Landwirte. Ich werde einmal den Hof übernehmen."

Philipp: „Eigentlich weiß ich wenig über den Arbeitsplatz meines Vaters. Er arbeitet bei einer Metallfirma, 30 km von unserem Wohnort entfernt. Als Monteur ist er in ganz Deutschland unterwegs. Meine Mutter führt den Haushalt."

Julia: „Meine Eltern arbeiten im Supermarkt. Meine Mutter bedient die Kasse. Wegen der anstrengenden Tätigkeit ist sie am Abend oft müde. Mein Vater leitet die Getränkeabteilung."

Andrea: „Seit mein Vater arbeitslos ist, weiß ich erst, wie wichtig ein Arbeitsplatz ist. Meine Mutter arbeitet als Teilzeitkraft bei einer Reinigungsfirma."

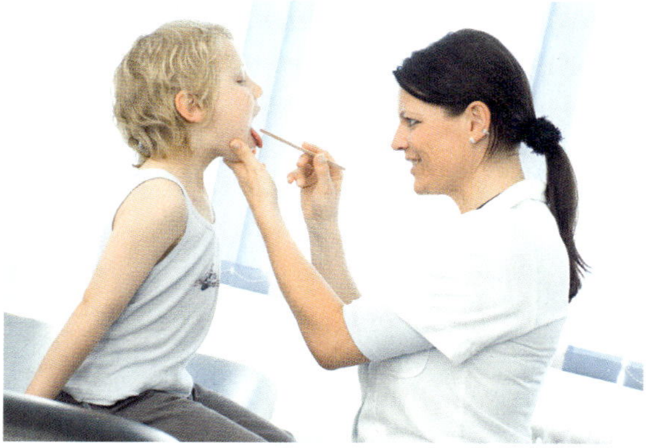

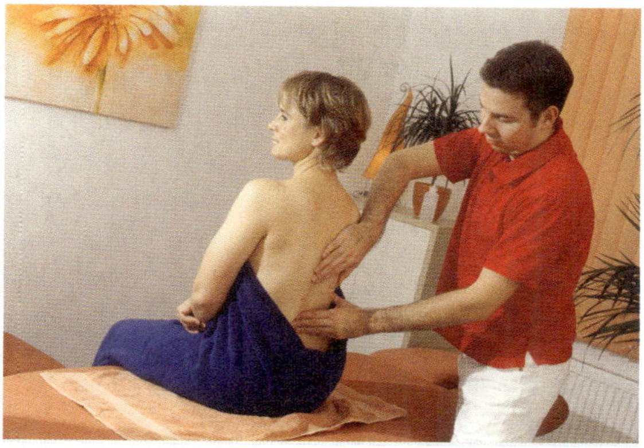

**Merke** **Die Arbeitsplätze der Eltern sind verschieden. Je nach Beruf und Tätigkeit werden die Eltern unterschiedlich belastet und entlohnt.**

1. Beschreibe die abgebildeten Arbeitsplätze.
2. Erzähle über den Beruf deiner Eltern.
3. Erstellt gemeinsam einen Fragekatalog über die Tätigkeiten deiner Mutter und deines Vaters.
   Denkt z. B. an den Betrieb, die Arbeitszeit, den Arbeitsort, den Verdienst, …
4. Befragt eure Eltern anhand des Fragekatalogs.
5. Tragt die Ergebnisse in der Klasse vor.

## Arbeitsplätze der Region

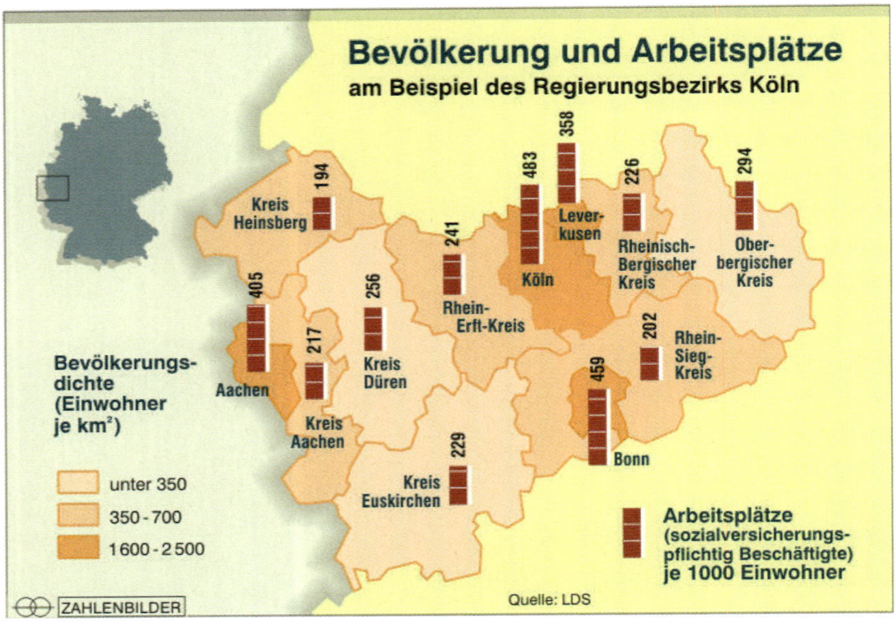


Das Schaubild zeigt, dass in Regionen mit vielen Menschen auch viele Arbeitsplätze vorhanden sind.

**Merke** **Die Arbeitsplätze und ihre Anzahl sind regional unterschiedlich. Gründe dafür liegen in der Bevölkerungsdichte. Dort wo viele Menschen leben, gibt es mehr Arbeitsplätze.**

1. Erkläre das Schaubild mit deinen eigenen Worten. Vergleiche dazu die verschiedenen Landkreise.
2. Erstellt eine ähnliche Karte für eure Region, z. B. für euren Landkreis.
3. Tragt nun konkrete Arbeitsplätze, z. B. die eurer Eltern, in die Karte ein.
4. Wählt einen Betrieb aus. Führt dort Arbeitsplatzerkundungen nach einem erstellten Plan durch. Präsentiert die Ergebnisse vor der Klasse.
   Die folgenden Seiten helfen dir dabei.

## Strategie: Arbeitsplätze erkunden

**Merke** **Arbeitsplatzmerkmale sind die wichtigste Grundlage für die Erkundung eines Arbeitsplatzes im Betrieb, für das Erstellen eines Beobachtungs- und Fragebogens und für die Beschreibung eines Berufes.**
**Erkundungs- und Fragebogen sind wesentliche Voraussetzungen, um Arbeitsplätze im Betrieb zielstrebig zu erkunden.**

Mit der Tabelle könnt ihr allein oder in der Gruppe
- einen Erkundungs- und Fragebogen erstellen;
- Arbeitsplatzmerkmale auswählen, die ihr erkunden wollt;
- Informationen zu den Arbeitsplätzen gliedern, zuordnen, vergleichen und beurteilen.

| Arbeitsplatzmerkmale mit Fragen | Arbeitsweisen zur Erkundung |
|---|---|
| **Arbeitsort, Arbeitsplatz, Arbeitsbereich**<br>– Wie heißt die Firma?<br>– Wo wird gearbeitet?<br>– Was produziert oder leistet die Firma?<br>– Welche Arbeitsplätze bietet die Firma an? | – Beschaffen von Firmenprospekten |
| **Arbeitsaufgaben, Arbeitstätigkeiten**<br>– Welche Aufgaben sind zu erfüllen?<br>– Welche einzelnen Tätigkeiten sind gefordert? | **Beobachtung am Arbeitsplatz**<br>– zuschauen<br>– nachfragen<br>– notieren<br>– skizzieren<br>– fotografieren |
| **Arbeits- und Betriebsmittel, Maschinen und Arbeitsmaterialien**<br>– Womit werden die Arbeiten ausgeführt?<br>– Welche Maschinen und Materialien werden verwendet? | – Aufzählung<br>– Beschreibung<br>– Erkundung der Eigenschaften der Materialien<br>– Erkundung der Funktionsweise der Maschinen |

| Arbeitsplatzmerkmale mit Fragen | Arbeitsweisen zur Erkundung |
|---|---|
| **Arbeitsbedingungen am Arbeitsplatz**<br>**a) Arbeitsbelastung**<br>– Wie hoch ist die Arbeitsbelastung?<br>– Unter welchen räumlichen, klimatischen Bedingungen wird gearbeitet?<br>– Wird allein oder im Team gearbeitet? | – Befragung des Mitarbeiters |
| **b) Ergonomie am Arbeitsplatz**<br>– Ist die Gesundheit des Mitarbeiters gewährleistet?<br>**c) Arbeitssicherheit**<br>– Welche Sicherheitsvorschriften sind zu beachten?<br>– Welche Schutzvorrichtungen sind notwendig? | – Befragung des Mitarbeiters |
| **Arbeitszeit, Arbeitslohn**<br>– Wie lange wird gearbeitet?<br>– Wie wird die Arbeit entlohnt? | – Befragung |
| **Berufliche Fähigkeiten am Arbeitsplatz**<br>– Welche beruflichen Voraussetzungen, welche Arbeitstugenden erfordert der Arbeitsplatz? | – Beobachtung<br>– Befragung |

1. Über welche Arbeitsplatzmerkmale informieren die Fotos?

## Ablaufskizze

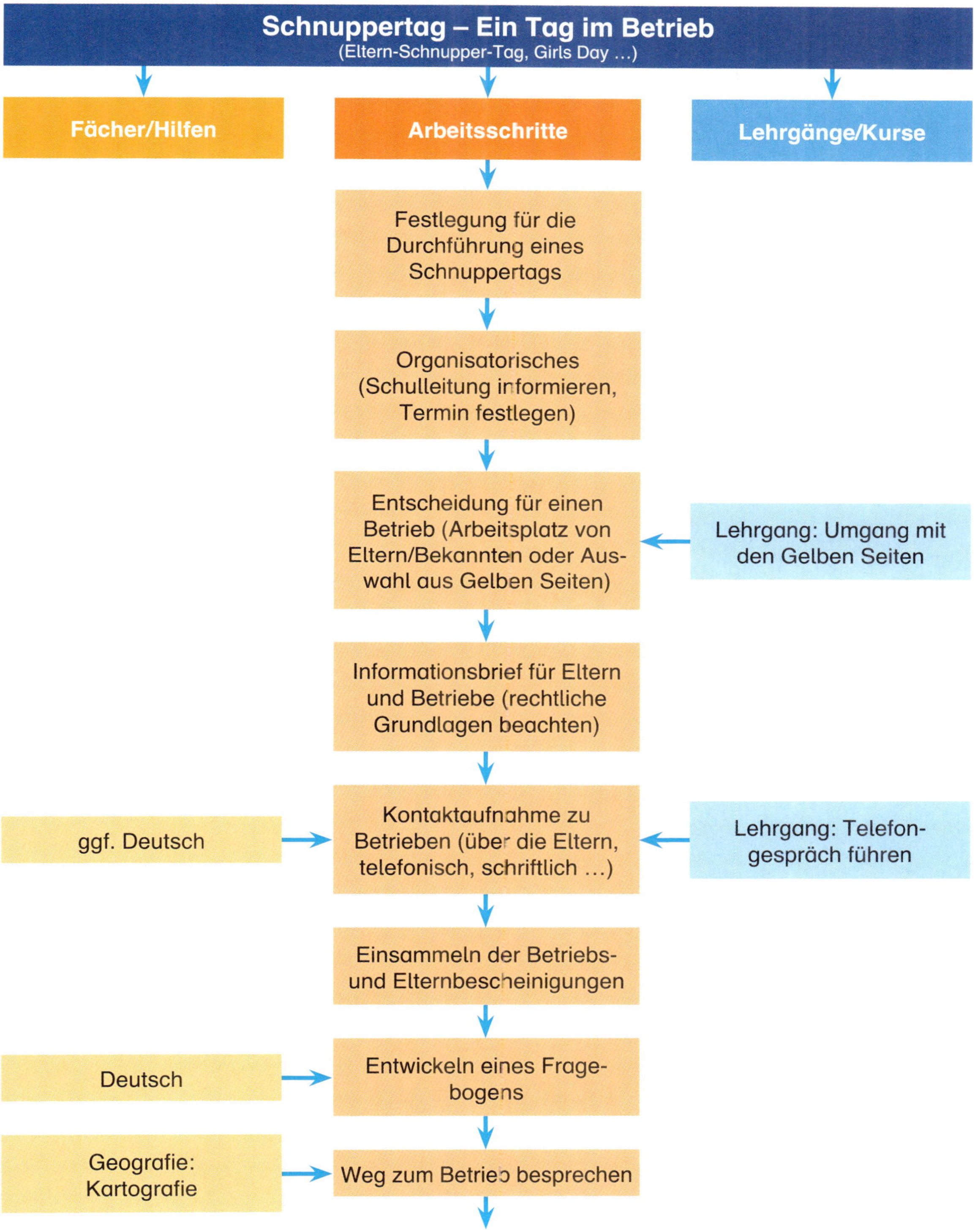

# 8 Arbeitsplatzerkundungen

Verhalten im Betrieb besprechen

↓

Unfallverhütung und Sicherheitskennzeichen besprechen

↓

Besprechen der Arbeitskleidung

↓

Deutsch: Notizen erstellen → Durchführung des Schnuppertags

↓

Deutsch → Reflexion anhand des Fragebogens

↓

Deutsch → Kurzbericht

↓

Kunst → Dokumentation ( Wandzeitung, Zeitschrift ...)

Beispiele für eine gelungene Dokumentation:

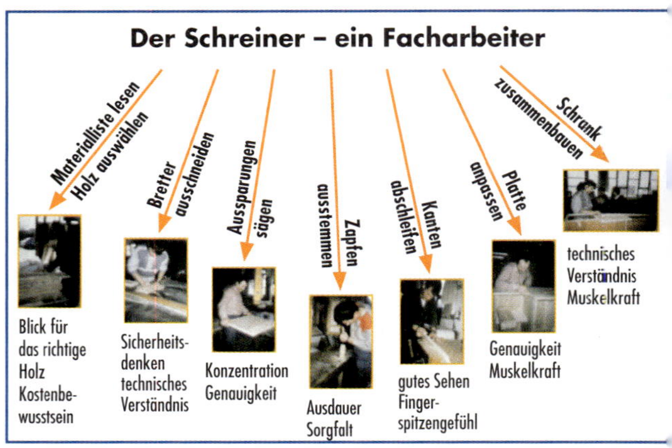

# 9 Vielfalt der Berufe

## Vom Urberuf zum Beruf

Ursprünglich waren die Menschen Jäger und Sammler. Ein Fortschritt der Menschheitsgeschichte war, dass Menschen sesshaft wurden. Sie errichteten Hütten, zähmten wilde Tiere, züchteten Pflanzen, pflanzten Bäume und bebauten Felder. Das Beschaffen der täglichen Nahrung wurde dadurch erleichtert.
Im Laufe der Zeit haben sich die Menschen spezialisiert, da sie unterschiedliche Fähigkeiten hatten. Einige konnten z. B. besser Kleidung herstellen, andere besser Eisen schmieden ... Da die Qualität der Produkte besser war als bei anderen, wurden sie Spezialisten. So konnten sich selbstständige Handwerksberufe entwickeln. Die Handwerksfamilien tauschten für ihre Waren Güter und Nahrungsmittel ein.

**Merke** **Durch Spezialisierung entwickelten sich immer neue Berufe. Dieser Prozess begann mit den Urberufen und endet nie. So entwickelten sich Tausende verschiedene Berufe.**

1. Finde möglichst viele Urberufe.
2. Welche dieser Urberufe gibt es heute noch? Wie haben sie sich verändert?

## Aus Erfindungen entwickeln sich Berufe

Die Industrialisierung veränderte die Welt des Handwerks. Die Energieträger Wasserdampf, Elektrizität und Erdöl (Benzin, Dieselkraftstoff) treiben Maschinen an. Maschinen ermöglichen die Massenproduktion. Im 19. Jahrhundert, dem Zeitalter der Industrialisierung, schossen die Fabriken wie Pilze aus dem Boden. Tausende von Bauern und Handwerkern zogen in die Städte, um in den Industriebetrieben Arbeit zu finden. Alte Handwerksberufe wie z. B. Weber und Kesselschmiede wurden verdrängt, neue technische Berufe wie Maschinenführer und Mechaniker entstanden.
Die wesentliche Erfindung der Neuzeit ist die Computertechnik. Computer wurden von Konrad Zuse erfunden. Sie veränderten unser Leben in allen Bereichen. Computer steuern heute z. B. die Fütterung im Rinderstall, das Fräsen von Metallen, Holz und anderen Materialien bis hin zur Lenkung von Raketen. Kaufleute verschicken Aufträge in alle Welt oder holen sich Daten aus dem Internet. Die EDV-Technik beeinflusst nicht nur die „alten" Berufe, sondern schafft auch neue. Es gibt fast keinen Beruf, in dem auf Computerkenntnisse verzichtet werden kann.

**Merke** **Durch technische Entwicklungen entstehen neue Berufe, andere Berufe sterben aus. Die Menschen müssen sich auf diese Weiterentwicklung einstellen. Sie müssen sich informieren, sich fortbilden oder evtl. einen neuen Beruf erlernen.**

1. Beschreibe die Maschinen, die für die Industrialisierung ausschlaggebend waren (vgl. S. 58 ff).
2. Benenne Berufe, die durch die Entwicklung des Computers entstanden sind.
3. Zähle auf, wo du in deinem Lebensalltag auf Computertechnologie triffst.

## Dienstleistungen

Die Dienstleistung ist ein Berufs- und Arbeitsbereich, der sich durch alle Jahrhunderte zieht. Sobald die Menschen die Arbeit teilten, die Bauern die Felder bestellten und die Bergleute Erzgestein aus dem Boden förderten, mussten Waren und Geräte transportiert werden. Die Händler und die Fuhrleute gehören demnach zu den ältesten „Dienstleistern". Heute sorgt ein Heer von Handelsfirmen, von Speditionen, von Geschäften und Handelsketten dafür, dass es uns an nichts fehlt.

**Merke**

**Dienstleistung meint nicht nur den Handel. Sie umfasst alle Berufsgruppen, die selbst nichts produzieren oder reparieren, aber ihre besonderen Fachkenntnisse und Fähigkeiten anbieten wie Ärzte und Krankenschwestern, Lehrkräfte und Polizeibeamte, Verwaltungsleute in Rathäusern und Landratsämtern, Angestellte in Banken und Versicherungen. In den letzten 20 Jahren hat sich der Wirtschaftsbereich „Dienstleistung" zum größten und vielfältigsten in Deutschland entwickelt.**

***Die vier großen Dienstleistungsbereiche***

| **Handel** | **Private Dienste Erwerbswirtschaft** | **Sozialpflege** | **Öffentlicher Dienst** |
|---|---|---|---|
| – Einzelhandel | – Geldinstitute | – Arztpraxen | – Schulen |
| – Großhandel | – Versicherungen | – Kliniken | – Gerichte |
| – … | – … | – … | – … |

1. Ordne die Berufe den verschiedenen Dienstleistungsbereichen zu. Finde weitere Beispiele.

## Ordnungssysteme für Berufe

**Merke** **Das Ordnen der Berufe gliedert deren Vielfalt, ermöglicht das Zurechtfinden, unterstützt das Gedächtnis beim Erfassen der Berufe und erleichtert die spätere Berufswahl.**
**Jedes System, das die Berufe und Arbeitsplätze gruppiert, hilft, die Vielfalt der Berufe zu erfassen. Allerdings deckt keine Gliederung sämtliche Berufe ausnahmslos ab.**

1. Gliederung der Berufe nach Wirtschaftsfeldern

| Landwirtschaft | Handwerk | Industrie | Dienstleistung |
|---|---|---|---|
| Gärtner/in | Zimmerer/in | Industriemechaniker/in | Polizeibeamter/in |
| ... | ... | ... | ... |

2. Dreigliedriges Ordnungsschema

| Technische Berufe | Kaufmännische Berufe | Soziale Berufe |
|---|---|---|
| Techn. Zeichner/in | Sekretär/in | Erzieher/in |
| ... | ... | ... |

3. Gliederung der Berufe nach Tätigkeitsfeldern
„Beruf aktuell“ gliedert die Ausbildungsberufe nach zwölf Tätigkeitsfeldern:

| | | | |
|---|---|---|---|
| 1 | Material verarbeiten |  | Bäcker/in, ... |
| 2 | Zusammenbauen, Montieren |  | Zweiradmechaniker/in, ... |
| 3 | Gestalten |  | Steinmetz/in, ... |
| 4 | Bedienen und Überwachen von Maschinen |  | Maschinen- und Anlagenführer/in, ... |
| 5 | Bebauen und Züchten |  | Tierpfleger/in, ... |
| 6 | Untersuchen und Messen |  | Fotolaborant/in, ... |
| 7 | Gestalten von Medienprodukten und Zeichnen |  | Techn. Zeichner/in, ... |
| 8 | Bedienen und Beraten |  | Kaufmann/Kauffrau im Einzelhandel, ... |
| 9 | Wirtschaften |  | Kaufmann/Kauffrau im Groß- und Außenhandel, ... |
| 10 | Verwalten |  | Bürokaufmann/-kauffrau, ... |
| 11 | Sichern, in Ordnung halten |  | Straßenwart/in, ... |
| 12 | Versorgen und Betreuen |  | Hauswirtschafter/in, ... |

1. Schreibt auf Wortkarten die Berufe, die ihr kennengelernt habt.
2. Ordne die Berufe den Schemata zu.
3. Stellt – nach der Broschüre „Beruf Aktuell“ – ein Tätigkeitsfeld vor und präsentiert es mit Berufsbeispielen.
   Dabei hilft euch die Strategieseite (s. Seite 112).

## Strategie: Informationen über Berufe sammeln

**Merke** **Die Vielfalt von Berufen ist auf den ersten Blick unüberschaubar. Verschiedene Ordnungssysteme helfen dir dabei, dir einen Überblick zu verschaffen. Sie erleichtern dir deine Berufsfindung.**

Um noch mehr Informationen über Berufe zu bekommen, kannst du die folgenden Quellen nutzen:

- „Beruf aktuell“, eine Broschüre der Bundesagentur für Arbeit, informiert über ca. 350 Ausbildungsberufe. Je mehr Berufe ihr kennt, desto bewusster könnt ihr später euren Beruf wählen. „Beruf aktuell“ ist ein wichtiges Nachschlagewerk im Fach Arbeit-Wirtschaft-Technik.

- Im Berufsinformationszentrum (BIZ) der Agentur für Arbeit kannst du dich über alles, was mit Ausbildung und beruflichen Tätigkeiten zu tun hat, kostenlos informieren.
- Bildungsmessen sind Veranstaltungen, bei denen du dir Informationen über Betriebe, Firmen und sonstige Einrichtungen und ihre Ausbildungsmöglichkeiten einholen kannst.
- Im Internet gibt es eine Fülle von Seiten, über die du dich zur Berufswahl informieren kannst.
  - www.arbeitsagentur.de
  - www.machs-richtig.de
  - www.was-werden.de
  - www.interesse-beruf.de
  - www.berufnet.de

# 10 Die Markterkundung

# 10 Die Markterkundung

## Wandel im Einzelhandel

Waren werden in Produktionsstätten hergestellt. Diese Waren müssen in den Handel. In den meisten Fällen gibt es Großhändler, die die Waren dort einkaufen und dem Einzelhändler anbieden. Der Einzelhändler kauft somit seine Produkte zum größten Teil bei den Großhändlern ein und bietet sie dann dem Kunden (Verbraucher) an.

**Merke**

**Das Bild des Einzelhandels hat sich verändert. Die Anzahl der kleinen Fachgeschäfte geht zurück, weil die Supermärkte, Discounter, Verbrauchermärkte und Waren- und Versandhäuser günstiger anbieten können und die kleinen Läden vom Markt verdrängen.**

1. Beschreibe den Weg einer Ware vom Hersteller bis zum Endverbraucher.
2. Schaut euch die Bilder an. Beschreibt jeweils die Betriebsform des Einzelhandels.
3. Notiert Geschäfte des Einzelhandels aus eurer Region und ordnet sie.
4. Beschreibt die Unterschiede zwischen den Geschäften.
5. Notiere Großhändler deiner Region.

## Betriebsformen des Einzelhandels

**Betriebsformen des Einzelhandels**

**Fachgeschäft**
Breites Sortiment einer oder mehrerer Warengruppen, Fachpersonal, Fachberatung, Bedienungsverkauf

**Lebensmittelgeschäft**
Früher „Tante-Emma-Laden" genannt, kleine Verkaufsfläche, begrenztes Sortiment an Lebensmitteln und Molkereiprodukten, oft noch Bedienungsverkauf

**Supermarkt**
Vollsortiment, Selbstbedienung im Lebensmittelbereich, Gebrauchsgüter (= Non-Food-Ware), Filiale einer Supermarktkette, zentraler Einkauf und Verwaltung

**Versandhaus**
Vollsortiment, Einkauf über Katalog, Lieferung durch Versand

**E-Commerce**
Einkauf und Verkauf von Waren aller Art über das Internet, Lieferung durch Versand

**Discountmarkt**
In der Anlage vergleichbar mit dem Supermarkt, jedoch begrenztes Grundsortiment, meist Trockenartikel, Billigprodukte (No-Name-Artikel), einfache Raumgestaltung, Waren in Kartons, billige Aktionsartikel

**Warenhaus**
Viele Waren- und Bedarfsgruppen, gegliedert in Abteilungen und Stockwerke, Selbstbedienung und Bedienungsverkauf, Verkaufsfläche bis zu 30.000 $m^2$

**Verbrauchermarkt**
500 $m^2$–20 000 $m^2$ Verkaufsfläche, gängige Gebrauchsartikel für Haus und Garten, Hobby und Freizeit, Selbstbedienung und Beratung

**Merke** **Die Breite und die Menge des Sortiments sowie die Verkaufsfläche legen die Betriebsform im Einzelhandel fest. Der Kunde entscheidet, wo und was er kauft.**

1. Ordnet die Einzelhandelsgeschäfte aus eurer Region den Betriebsformen zu.
2. Sprich mit deinen Eltern. Finde die Geschäfte, in denen deine Familie einkauft und ordne sie den Betriebsformen zu.

## Marktstrategien des Einzelhandels

### Erlebniseinkauf

Kunden wollen sich beim Einkauf wohlfühlen. Sie begutachten die Waren, vergleichen und treffen dann ihre Kaufentscheidung. „Erlebniseinkauf" nennen Fachleute dieses Verhalten. Reaktion des Supermarktes: Hintergrundmusik im Markt; helle Verkaufsflächen; keine langen Wartezeiten an den Kassen; Sonderveranstaltungen wie Sommerfest oder Werbung mit Verkostungen.

### Günstige Preise

Je nach Einkommen und Höhe des Haushaltsgeldes spielt der Warenpreis eine Rolle. Viele Kunden vergleichen die Preise und wissen genau, wo sie günstiger einkaufen können. Reaktion des Supermarktes: Wechselnde Sonderangebote und Billigprodukte gehören deshalb zur breiten Palette des Warensortimentes.

### Breites Warenangebot

Kunden schätzen die Warentiefe (= mehrere Sorten von einem Lebensmittel). Hochwertige Markenartikel und billige „No-Name-Waren" finden sich nebeneinander in den Regalen.

### Frische verkauft sich

Produkte mit abgelaufenem Verfallsdatum dürfen nicht verkauft werden. Obst und Gemüse werden täglich frisch angeliefert, alte und unschöne Waren aussortiert. Ein farblich abgestimmter Obststand wirkt verkaufsfördernd. Spiegel verstärken die Fülle und die Farbenpracht.

### Kundenberatung gefragt

Auch im Supermarkt bei den Selbstbedienungsregalen sucht der Kunde Beratung und Hilfe. Freundliches Verhalten, Hilfestellung beim Zurechtfinden, Hinweise zum Gebrauch und Verbrauch eines Lebensmittels gehören zum täglichen Arbeitsfeld des Verkäufers oder der Verkäuferin. Unfreundliches Benehmen führt zu Verkaufsverlusten.

**Merke** **Die Dichte der Einzelhandelsgeschäfte und der Konkurrenzdruck zwingen die Marktleiter, ihre Einzelhandelsbetriebe kundenfreundlich zu gestalten. Mit unterschiedlichen Marktstrategien versuchen die Geschäfte möglichst viel ihrer Ware zu verkaufen.**

1. Welche Marktstrategien schätzt du hoch ein? Begründe.
2. Finde weitere Marktstrategien, die dich zum Kauf verlocken. Benenne sie.
3. Ordne die Marktstrategien den jeweiligen Betriebsformen zu.
4. Fotografiert im Einzelhandel – mit Erlaubnis der Geschäftsführung – Verkaufsstrategien. Erstellt eine Collage.

## Die Verkaufsidee des Supermarktes

Marktleiterin Fröhlich:
„Hinter den Tätigkeiten steckt eine wirtschaftliche Idee, die Marktstrategie. Damit unser Markt rentabel arbeitet, muss er Gewinne abwerfen. Diese erzielen wir, wenn viele Kunden einkaufen. Der Umsatz steigt."

Kundin Frau Mayer:
„Wer von uns Kunden lebt, muss uns gut behandeln. Wer meint, uns mit ein paar Verkaufstricks zu gewinnen und uns so an den Supermarkt als Stammkunde zu binden, irrt sich. Kunden lassen sich nicht täuschen. Wenn ich unzufrieden bin, wechsele ich schnell zur Konkurrenz."

Merke

**Jeder Einzelhandelsbetrieb hat die Verkaufsidee, den Umsatz zu steigern. Der Begriff „Umsatz" meint den gesamten Geldwert der verkauften Waren. Die Leitziele dafür heißen Kundenwerbung und Kundenzufriedenheit. Der Supermarkt und die Handelsketten setzen dies umfangreich ein. Sie benutzen folgende Marktstrategien:**
- **Breites Warensortiment**
- **Markenartikel und No-Name-Produkte zur Wahl**
- **Frische bei Obst, Gemüse – Obstexoten**
- **Getränkevielfalt**
- **Erlebniseinkauf – Sonderveranstaltungen und Verkostungen**
- **Höherwertige Ausstattung, keine Kartons im Regal**
- **Mehr Personal, mehr Zeit für Beratung und Hilfe**
- **Sonderangebote**
- **Großzügiges Außengelände, weithin sichtbare Logos, Parkplatzangebot**

1. Sortiere die Marktstrategien nach deiner Wichtigkeit. Begründe.
2. Diskutiert über die Zusammenhänge zwischen Marktstrategien und Umsatz.

## Vom Einkauf zum Verkauf

### Ablauforganisation des Supermarktes

**Einkauf**
- Wareneinkauf für die Supermarktkette durch die Zentrale
- Direkteinkauf (Saisonware)
- Verkaufspreise festlegen
- Buch führen (Betriebsausgaben wie Miete, Löhne)

↓

**Dienstleistungen im Supermarkt**
- Warenlieferungen prüfen
- Waren lagern, auszeichnen
- Waren platzieren, überprüfen, auffüllen
- Kunden beraten, bedienen

↓

**Verkauf**
- Warenverkauf an die Kunden in der Kassenzone
- Kassen abrechnen
- Kundenwerbung

**Merke**

**Alle Einzelhandelsgeschäfte müssen Gewinne erzielen, sonst arbeiten sie unrentabel und sind auf lange Sicht gezwungen zu schließen. Deshalb benötigen sie eine straffe Organisation, eine kundenfreundliche Marktstrategie und eine fachlich gute Arbeitsleistung der Mitarbeiter.**
**Jede Handelsfirma muss**
- **planen, kalkulieren, einkaufen,**
- **rationell (= mit Vernunft) handeln, Dienstleistung erbringen,**
- **marktgerecht verkaufen.**

1. Beschreibt die Tätigkeiten des Berufs „Kauffrau/Kaufmann im Einzelhandel“ anhand der Skizze.

## Die Verkaufsfläche im Supermarkt

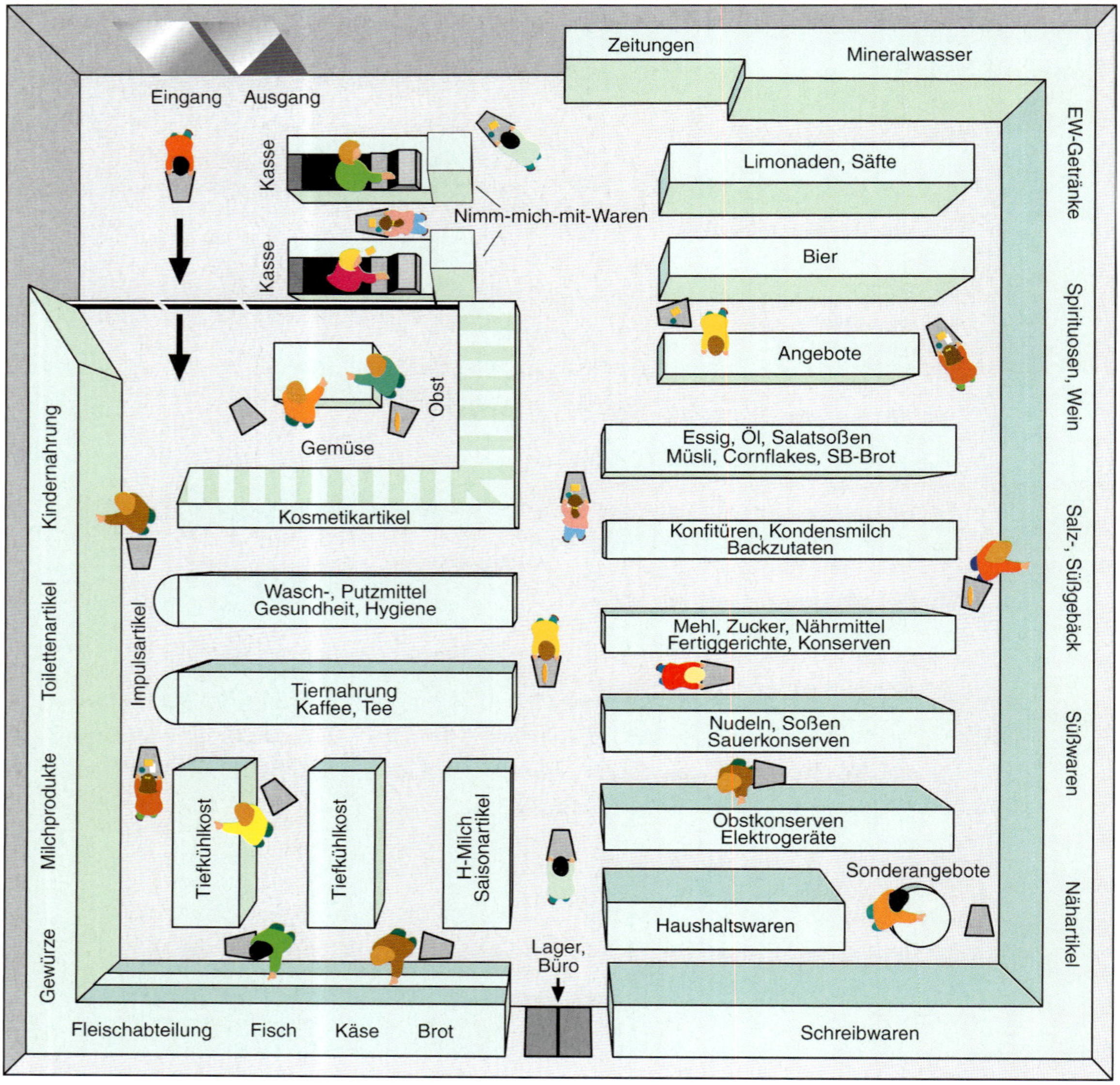


1. Betrachtet den Plan und beschriftet den Aufbau des Markts.
2. Sprecht in Gruppen über den Aufbau und findet Gründe, warum die Artikel so aufgebaut sind.
3. Erkundet in Gruppen verschiedene Supermärkte in eurer Region. Nutzt dazu die Ablaufskizze.

## Ablaufskizze

**Markterkundung**

| Fächer/Hilfen | Arbeitsschritte | Lehrgänge/Kurse |
|---|---|---|
| | Finden von Supermärkten | |
| Sozialkunde → | Besprechen der Verhaltensweise im Markt | |
| | Unterrichtsgang zu den Supermärkten in Gruppen | |
| | Erstellen einer Marktskizze (s. Vorlage) | ← Lehrgang: Einfache Pläne zeichnen |
| | Sammeln der Sonderangebote | |
| Deutsch → | Festhalten der umgesetzten Marktstrategien | |
| | Auswerten der Ergebnisse in der Gruppe | |
| | Vergleich des Modells mit dem Grundmodell | |
| Deutsch → | Vortragen der Ergebnisse | |
| | Vergleichen der verschiedenen Supermärkte (Marktskizzen) | |
| Deutsch → | Finden von Gründen für den gleichen Aufbau der Märkte | |
| Deutsch → | Finden sinnvoller Verhaltensweisen beim Einkauf (Einkaufszettel) | |

## Einkaufsfalle Supermarkt

### Kassenzone

In der Kassenzone ist jeder Zentimeter für die „Nimm-mich-mit-Waren“ genutzt. Zigaretten, Schnaps- und Likörfläschchen verführen Erwachsene. Kaugummis und Schokoriegel, Bonbons und Lollis liegen in den Regal- und Kartonhöhen, die den Kinderhänden angepasst sind.

### Sonderangebote

Sonderangebote sind Lockmittel. Sie sollen Kunden in der Erwartung, besonders preisgünstig einzukaufen, in den Laden bringen. Jeder Marktleiter weiß, dass der Großteil der Kunden neben den Sonderangeboten weitere Waren kauft.

### Greifzone

Die Produkte werden in einzelnen Blöcken zusammengestellt. In die Bückzone kommen die billigen Sorten mit einer geringen Gewinnspanne. Diese Produkte werden geführt, um mit den Discountern zu konkurrieren. Die „Gewinnträger“ werden in der günstigen Greifzone platziert, d. h., hierhin gehören hochwertige, attraktiv verpackte Produkte. In der Sichtzone stehen die speziellen Produkte.

## Verpackung

Die Verpackung hat für ihren Inhalt zu werben. Sie soll nach dem Willen der Verkaufsstrategen dem Kunden „in die Augen springen“ und ihn zum Kauf anregen.

Nichts wird dem Zufall überlassen. Alles, was auf der Verpackung abgedruckt ist, wurde auf seine Werbewirksamkeit hin vielfach getestet.

Farbe

Komposition

Name

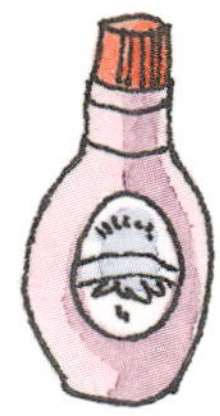
Form

## Musik

Die Musik, die in einem Supermarkt im Hintergrund abgespielt wird, soll eine angenehme Atmosphäre erzeugen. Dadurch gelingt es dem Händler, den Kunden länger im Markt zu behalten, sodass dieser mehr einkauft. Die dargebotene Musik wird dafür extra von Werbefachleuten ausgesucht.

**Merke**

**Verkaufsexperten wollen den Verbraucher beeinflussen, Waren zu kaufen, an die er vorher nicht gedacht hat.**
**Jeder Marktleiter richtet sein Geschäft werbewirksam ein, um möglichst viele Kunden zu gewinnen.**
**Jeder Kunde sollte über die „Einkaufsfallen“ Bescheid wissen, damit er nicht zum Spielball der Werbefachleute wird.**

1. Vergleiche diese „Einkaufsfallen“ mit euren Gründen zum Aufbau eines Marktes.
2. Beschreibt den Weg, den ein Kunde nehmen muss, der nur Milch und Brot einkaufen möchte. Warum erspart der Marktleiter dem Kunden nicht den langen Weg?

## Das wirtschaftliche Spiel von Angebot und Nachfrage

**Anbieter/ Marktleiter**

**Interessen**
- viel verkaufen
- Gewinn erzielen
- zufriedene Kunden

**Grundfrage**
„Was tue ich, um möglichst viele Kunden zu gewinnen?“

### Abenteuer Supermarkt

### Wer bleibt Sieger?

**Nachfrager/ Käufer**

**Interessen**
- preisgünstig einkaufen
- reichhaltiges Sortiment

**Grundfrage**
„Wie verhalte ich mich, damit ich günstig einkaufe, aber mich nicht verführen lasse?“

**Marktpsychologen raten den Marktleitern:**
- Weise durch die Lautsprecher immer wieder auf die Sonderangebote hin.
- Leicht berieselnde Musik schafft eine angenehme Kaufatmosphäre.
- Brot, Fleisch, Obst/Gemüse sind die meistgekauften Nahrungsmittel. Verlagere diese Abteilungen in den hinteren Teil des Supermarktes.
- Stelle die billigen Artikel in die Bückzone der Regale. Die Markenartikel und Gewinnträger gehören in die Sicht- und Greifzone.
- Stelle Genussmittel wie Tabak- und Süßwaren in die Stauzone an der Kasse („Nimm-mich-mit-Zone“). Die Augen schweifen umher. Kaufwünsche werden geweckt.
- Platziere die Sonderangebote so, dass der Kunde weite Wege gehen muss. Er soll an vielen Artikeln vorbeikommen.

**Marktpsychologen raten den Kunden:**
- Schreibt einen Einkaufszettel, bevor ihr im Supermarkt einkauft.
- Plant stets den Einkauf, vergleicht die Preise und nutzt die Sonderangebote.
- Vermeidet Spontan- und Impulskäufe. Lasst euch nicht von den verlockenden Farben der Verpackung zum Kauf verleiten.
- Lernt die sogenannten Einkaufsfallen des Supermarktes kennen, weil diese den Kunden zum Warenkauf verführen wollen.
- Führt die geplanten Einkäufe zügig aus. Das Schlendern durch die Gänge verleitet zu zusätzlichen Käufen.
- Kauft nicht mit leerem Magen ein. Hunger ist der schlechteste Ratgeber für einen überlegten und sparsamen Einkauf.

1. Welche der Ratschläge überzeugen euch? Stellt Rangfolgen auf.

# 11 Herstellung und Verkauf eines Produkts

# 11 Herstellung und Verkauf eines Produkts

## Unterschiedliche Waren und Produkte

**Merke**

**Unterschiedliche Waren und Produkte werden in unzähligen Betrieben hergestellt. Die Gründe für die Produktion sind vielschichtig, jedoch haben alle Betriebe das Ziel, ihre Waren und Produkte zu verkaufen, um Geld zu verdienen. Je mehr Waren und Produkte der Betrieb verkauft, umso höher ist der Gewinn. Von dem Gewinn müssen die Löhne bezahlt, Maschinen gekauft und Investitionen getätigt, die Fixkosten und die Umsatz- und Gewerbesteuer abgedeckt werden.**
**Der verbleibende Überschuss ist der Reingewinn des Betriebs.**

1. Vergleicht die Bilder. Was haben sie gemeinsam?
2. Nenne Gründe, warum Menschen unterschiedliche Produkte herstellen.
3. Nenne Fix- und Investitionskosten eines Betriebs.

## Projektstart

**Herstellung und Verkauf eines Produkts**

- aus Lebensmitteln
- aus Textilien
- aus Holz
- …
- …
- aus Kunststoff
- aus Ton
- aus Metall

**Merke** **Für den Verkauf eines Produkts muss als Erstes eine Idee vorhanden sein. Diese Ideen sollten noch nicht durch Überlegungen zu Umsetzungsmöglichkeiten beeinflusst werden.**

Um eine hohe Vielfalt zu erreichen, eignet sich die Methode des Brainstormings. Hierbei werden alle Ideen auf Kärtchen gesammelt, vorgestellt und geordnet. Ziel ist, die bestmögliche Idee herauszufiltern und sich für eine zu entscheiden.

1. Führt ein Brainstorming zu eurem Projekt durch.
2. Entscheidet euch für mögliche Projekte.

## Die Marktanalyse

**Merke** **Um festzustellen, ob ihre Produkte gekauft werden, führen Firmen Kundenbefragungen durch. Dazu nutzen sie unterschiedliche Methoden, wie z. B. Umfragen, Telefonbefragungen, Internetbefragungen, Verkaufsanalysen ... Die Firmen beauftragen und bezahlen Marktforschungsinstitute. Daraus ergibt sich die Produktion für den anonymen Markt. Diesen Prozess nennt man „Marktforschung“.**

1. Informiere dich im Internet, welche Marktforschungsinstitute es gibt.
2. Führt eure eigene Marktanalyse in Form einer Umfrage zu euren Produkten durch. Nutzt dazu die Strategieseite (s. Seite 129).

## Strategie: Eine Umfrage durchführen

**Merke** **Eine Umfrage ist eine Methode, um von Leuten bestimmte Informationen zu erfragen. Aufgrund dieser Informationen können bestimmte Aussagen getroffen werden. Eine Umfrage muss sorgfältig geplant werden, wenn sie brauchbare Ergebnisse liefern soll.**

Orientiert euch beim Erstellen einer Umfrage an den folgenden Fragen:

- Welche Personen befragen wir?
- Wie viele Personen befragen wir?
- Welche Fragen stellen wir?
- Haben wir die Fragen richtig formuliert? Können wir sie grafisch darstellen?
- Wie befragen wir, schriftlich oder mündlich?
- Geben wir mögliche Antworten vor?
- Wie werten wir die Fragen aus?

### Umfrage

**Liebe Eltern, liebe Mitschüler**

bei der nächstjährigen Faschingsfeier unserer Schule bieten wir eine leckere Verköstigung und lustiges Kinderschminken an.

Um gezielt planen zu können, bitten wir Sie/Euch, die gewünschten Leistungen unten jeweils in den Listen anzukreuzen.

**Vielen Dank!**
Die Schüler der Klasse 7

**Bitte hier abtrennen und Abschnitt bei uns (Kl. 7) abgeben, danke!**

---------------------------------------------------------------------------

1. Angebote zur Verköstigung

| Muffins | Waffeln | Sandwichs | Pizzaschnecken | Pizzaecken | Hotdogs |
|---|---|---|---|---|---|
| ? | ? | ? | ? | ? | ? |

2. Schminkangebote (nur für die Grundschulkinder)

| | | | | | |
|---|---|---|---|---|---|
| Indianer | Pirat | Clown | Vampir | Gespenst | Hund |
| ? | ? | ? | ? | ? | ? |
| Prinzessin/ Fee | Hexe | Katze | Hase | Schmetterling | Biene Maja |
| ? | ? | ? | ? | ? | ? |

## Entscheidung für ein Produkt

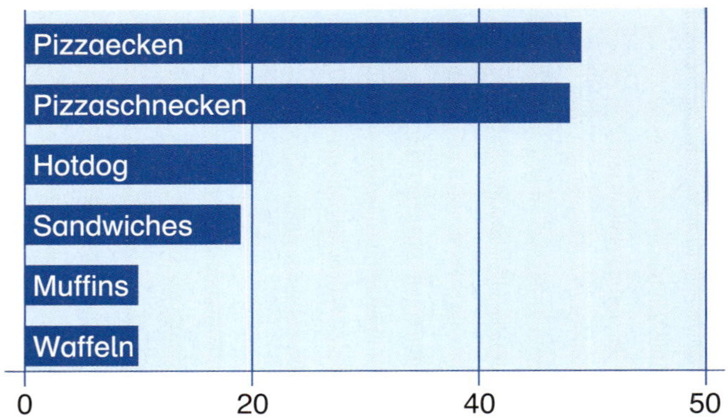


Die Ergebnisse einer Umfrage werden ausgewertet. Die Entscheidung fällt auf die Produkte mit den meisten Nennungen, da hier die Chancen zum Verkauf höher sind.

**Merke** **Die Produktion von Waren und Dienstleistungen ist abhängig von den Wünschen und Bedürfnissen der Kunden. Der Herstellungsprozess und die Kosten für die Herstellung sind ebenfalls Faktoren für die Produktion.**

1. Sucht nach weiteren Möglichkeiten, die Wünsche der Verbraucher zu ermitteln.
2. Diskutiert die Vor- und Nachteile dieser Möglichkeiten.
3. Wertet eure Umfrage aus. Stellt das Ergebnis in einem Säulendiagramm dar.
4. Diskutiert über den Herstellungsprozess und die erwarteten Kosten für eure Produktion.

## Projektvorplanung

**Merke** **Ein Betrieb ist nur dann erfolgreich, wenn er gut organisiert ist und nach markt- und betriebswirtschaftlichen Grundsätzen arbeitet. Bevor die Produktion in Betrieben aufgenommen werden kann, müssen *Zeitplan, Arbeitsverteilung, Materialbeschaffung, Arbeitsschritte, Finanzierung, rechtliche Vorschriften* und *Betriebsziele* formuliert und gemeinsam beschlossen werden.**

1. Erstellt ein Mindmap als Vorplanung zu eurem Produkt.
2. Nennt eure Betriebsziele.
3. Auch die Qualität bestimmt den Verkaufserfolg. Welche Merkmale müssen eure Produkte aufweisen?
4. Stellt einen Prototypen eures Produktes her oder kauft einen.

## Projektbausteine

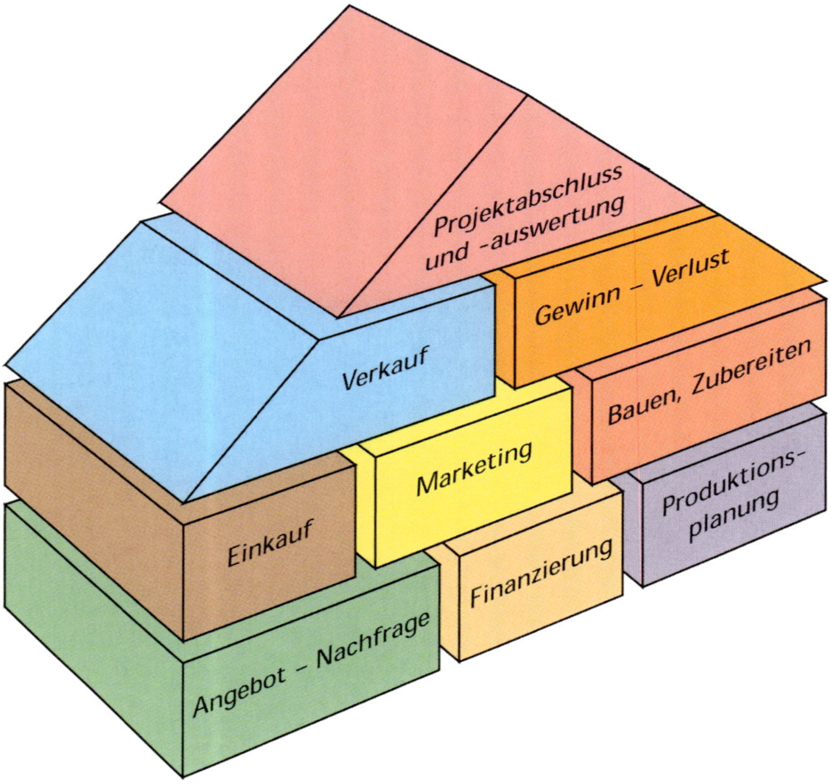


**Merke** **Betriebe sollten nicht „auf Sand gebaut" werden, sondern wie ein gutes Haus auf einem festen Fundament von betriebswirtschaftlichen Grundsätzen und Marktregeln stehen.**

Mit einer Produktidee allein kann ein Betrieb nicht funktionieren. Betriebe wirtschaften nur dann erfolgreich, wenn sie technisch und wirtschaftlich gut geplant und organisiert sind. Das bedeutet, dass Betriebsmittel, Werkstoffe und die Arbeitskräfte so eingesetzt werden, dass ohne Verluste Waren oder Dienstleistungen für den Markt produziert und erbracht werden können.

1. Beschreibt – bezogen auf euer eigenes Projekt – die einzelnen Bausteine.

# Finanzierung

Ein Projekt mit dem Verkauf von Produkten ist nur erfolgreich, wenn die Finanzierung auf sicheren Füßen steht. Betriebe stellen einen Finanzierungsplan auf, denn oft vergehen mehrere Monate von der Planung über die Herstellung und Marketingmaßnahmen bis zum Verkauf.

**Merke** **Die Finanzierung der Herstellung eines Produktes kann von den Betrieben in vielen Fällen nicht mit Eigenkapital abgewickelt werden. Entwicklungs-, Planungs- und Materialkosten sind sehr hoch. Deswegen müssen Betriebe oft fremd finanzieren, d. h., sie leihen sich Geld. In den meisten Fällen tun sie dies bei einem Geldinstitut.**

1. Eine sichere Finanzierung ist gar nicht so einfach. Wie wollt ihr euer Projekt finanzieren?
2. Erkläre die Begriffe „Eigen“- und „Fremdkapital“ (Lexikon, Internet).

## Produktionskosten senken

**Wir kaufen wirtschaftlich ein**

- Ermittlung günstiger Einkaufsquellen, Sonderangebote
- Preise bei gleicher Menge und Qualität vergleichen
- Liefer- und Zahlungsbedingungen: Rabatt/Skonto

**Wir arbeiten rationell**

- Bildung von Spezialistenteams
- Zerlegung der Arbeit in arbeitsteilige Produktionsschritte
- Einsatz von Maschinen anstelle von Handarbeit

**Merke**

**Jeder Betrieb will so viel Gewinn wie möglich erwirtschaften. Deshalb will er möglichst kostengünstig produzieren. Er überlegt sich, wie er die Produktionskosten senken kann, ohne die Qualität der Produkte zu mindern.**
**Die Produktionskosten werden mitbestimmt von den Rohstoffpreisen, dem Können der Mitarbeiter, dem Einsatz von Maschinen und vom rationellen Arbeitsablauf.**

1. Findet Möglichkeiten, wie ihr die Produktionskosten in eurem Betrieb senken könnt.

## Mengenkalkulation

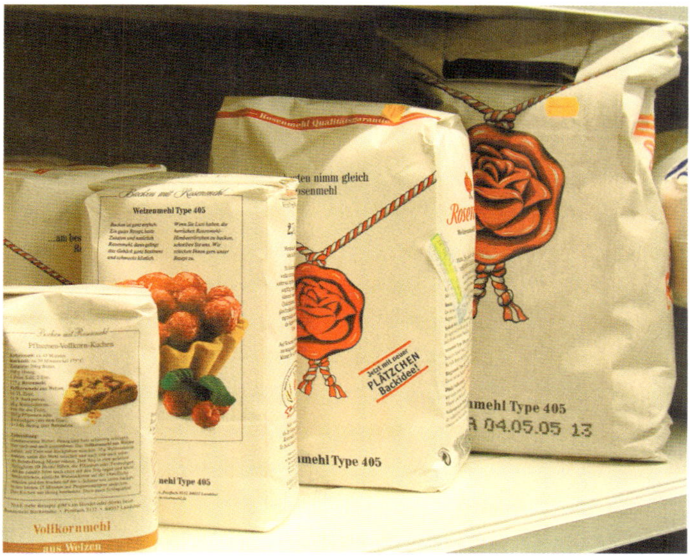


**Preisliste Mehl**

| | |
|---|---|
| ab 1 kg | 1 € |
| ab 5 kg | 4 € |
| ab 10 kg | 8 € |
| ab 25 kg | 19 € |

Ein Produkt wird aus Materialien bzw. Zutaten hergestellt. Um die Gesamtmenge zu kalkulieren, wird eine Stückliste bzw. Zutatenliste erstellt. Ausgangspunkt ist die benötigte Menge für ein Produkt. Diese wird mit der geplanten Anzahl der Produkte multipliziert.

**Merke** **Bevor man wirtschaftlich und kostengünstig einkaufen kann, ist es notwendig, für die benötigten Mengen eine genaue Bedarfsberechnung durchzuführen. Dies hat auch den Vorteil, dass man bei größeren Gebinden einer Zutat, z. B. für Zucker oder Mehl, aufgrund der abgenommenen Menge weniger pro Kilogramm bezahlen muss. Grundlage hierfür ist die Anzahl der möglichen Kunden. Für die genaue Planung ist die Herstellung eines Prototyps und das Erstellen einer Stückliste sinnvoll.**

**1.** Erstellt eine Zutatenliste/Stückliste für die von euch benötigten Materialien und Hilfsmittel.

## Angebote vergleichen

**Merke** **Mit der Mengenkalkulation wird die Einkaufsliste für die Gesamtmenge erstellt. Die Marktpreise werden eingeholt und verglichen. Dabei muss beachtet werden, dass sich nur Waren desselben Herstellers bzw. Waren mit identischen Qualitätsmerkmalen vergleichen lassen.**

1. Betrachtet die Bilder. Nenne weitere Möglichkeiten, Angebote einzuholen.
2. Holt unterschiedliche Angebote ein. Nutzt dazu möglichst viele verschiedene Möglichkeiten und vergleicht diese miteinander.
3. Vergleicht die Preise miteinander. Entscheidet euch für den Einkauf.

## Teamarbeit und Arbeitsteilung

*Schneiden*

*Belegen I*

*Backen*

*Belegen II*

**Merke**

**Teamarbeit funktioniert, wenn**
- **Ziele und Regeln klar definiert sind,**
- **Aufgaben an alle gerecht verteilt sind,**
- **der Zeitplan feststeht,**
- **die Arbeitsplätze festgelegt sind,**
- **die Arbeitsaufträge schriftlich verteilt sind,**
- **die Rollen im Team verteilt sind (z. B. Gruppensprecher, Protokollführer),**
- **vor Beginn Arbeits- und Organisationsplan besprochen werden,**
- **ein fairer Umgangston herrscht (Zuhören, Sprache, Verhalten, Diskutieren, Entscheiden),**
- **Konflikte gemeinsam sachlich diskutiert und gelöst werden,**
- **die Teamarbeit am Ende offen und ehrlich bewertet wird.**

1. Betrachte die Bilder. Was kannst du feststellen?
2. Findet gemeinsam die wichtigsten Regeln für eure Produktion und haltet sie auf einem Plakat fest.

## Produktion

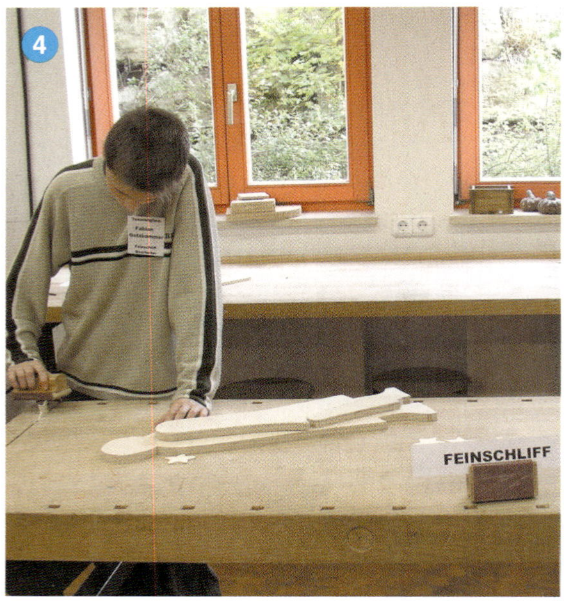

**Merke**

**Die Herstellung der Produkte ist in Einzel- oder serieller Fertigung durchzuführen.**
**Bei der Einzelfertigung ist der Produzent allein für sein Produkt verantwortlich. Sie ist in den meisten Fällen zeitaufwendiger und kostenintensiver.**
**Die serielle Fertigung hat den Vorteil, dass die Produkte schneller hergestellt werden können. Maschinen und Werkzeuge werden effizienter eingesetzt. Die Arbeitsbelastung für den Einzelnen ist jedoch höher. Kennzeichen ist der zeitliche Takt, der die Fließgeschwindigkeit und die Bearbeitungszeit am einzelnen Arbeitsplatz bestimmt.**

1. Entscheidet euch für ein Produktionsverfahren. Besprecht die Vor- und Nachteile.
2. Stellt euer Produkt her.

## Verkaufspreise kalkulieren

| Preiskalkulation und Kostenvergleich | |
|---|---|
| Materialkosten | ? |
| Lohnkosten | ? |
| Betriebskosten | ? |
| Energiekosten | ? |
| Allgemeine Kosten | ? |
| **Selbstkosten** | ? |
| Gewinnaufschlag | ? |
| **Zwischensumme** | ? |
| Mehrwertsteuer 7 bwz. 19 % | ? |
| **Verkaufspreis pro Stück** | ? |

**Merke** **Zur Festlegung des Verkaufspreises zählen nicht nur die Materialkosten, sondern auch Lohn- und Betriebskosten, allgemeine Nebenkosten, die Mehrwertsteuer und der Gewinnaufschlag, mit denen der „echte Betrieb" seinen Verkaufspreis kalkuliert.**
**Die Kalkulation des Verkaufspreises ist abhängig von den Selbstkosten, dem Gewinnaufschlag und der Mehrwertsteuer.**

1. Beschreibt in Gruppen die verschiedenen Kosten eines Betriebs. Befragt dazu Betriebsinhaber.
2. Erstellt dazu eine Übersicht in Form einer Wandzeitung.
3. Kalkuliert den Verkaufspreis für euer Produkt.

## Produktwerbung und Marketing

Der Erfolg eines Produktes hängt zum großen Teil von der Werbung ab. Diese Werbung nennt man Marketing.
Beispiele für Marketingmaßnahmen können sein:

- die optische Aufbereitung des Produkts
- Plakate und Werbeslogans, die zum Verkauf auffordern bzw. den Kunden zum Kauf „verführen".
- Verkaufsstellen, die inhaltlich und äußerlich an das Produkt angepasst sein sollen.

**Merke**

**Ohne Marketing kein Verkaufserfolg!**
**Unter Marketing versteht man alle Maßnahmen, die den Verkaufserfolg sichern und steigern. Dazu zählt z. B. die Produktpräsentation oder die Produktwerbung.**

1. Schlage im Lexikon den Begriff „Marketing" nach.
2. Findet für euer Produkt die passende Werbung.

## Verkauf

**Merke** **Der Verkaufserfolg eines Betriebs hängt davon ab, wie er sich und seine Produkte und Dienstleistungen präsentiert. Verkaufsstände, Hinweisschilder, Plakate usw. sind Werbemittel und Werbeträger. Deshalb müssen sie entsprechend gestaltet werden, damit sie Aufmerksamkeit erwecken. Viele Unternehmen haben eigene Abteilungen, die den Verkauf der Produkte organisieren. In diesen Abteilungen arbeiten Außendienstmitarbeiter bzw. Vertreter, die den Kunden das Produkt direkt vor Ort anbieten.**
**Der Umgang mit den Kunden und die genaue Kassenführung sind grundlegende Voraussetzungen für einen erfolgreichen Verkauf.**

1. Beschreibe die Tätigkeiten der Außendienstmitarbeiter.
2. Stellt Regeln für ein Verkaufsgespräch auf.
3. Übt im Rollenspiel Verkaufsgespräche für verschiedene Produkte.
4. Verkauft eure Produkte.

# Umsatz – Gewinn – Verlust

| Gewinn – Verlust | | | |
|---|---|---|---|
| Einnahmen | | Ausgaben | |
| Verkauf | | Material | |
| Spenden | | … | |
| … + | | + | |
| | | | |
| **Gewinn/Verlust:** | | | |

**Merke** **Jeder Betrieb ist verpflichtet, über seine Einnahmen und Ausgaben gewissenhaft Buch zu führen. Dies geschieht in der Buchhaltung durch gelernte Kaufleute und Buchhalter. Sie stellen für eine Ware oder eine Dienstleistung Einnahmen und Ausgaben gegenüber. Damit stellt man fest, ob der Betrieb wirtschaftlich gearbeitet hat. Die Gegenüberstellung wird auch als Endkalkulation, Gewinn-und-Verlust-Rechnung, als Bilanz oder auch als Erfolgsrechnung bezeichnet. Diese kann für ein Produkt, eine Dienstleistung oder für den ganzen Betrieb gelten. Manche Betriebe machen solche Erfolgsrechnungen wöchentlich, manche monatlich oder jährlich. Diese Daten werden auch vom Finanzamt sorgfältig geprüft.**

1. Beschreibe die Arbeit eines Buchhalters. Nutze dazu verschiedene Quellen.
2. Erstellt eure eigene Gewinn-Verlust-Rechnung.
3. Überlegt gemeinsam, was ihr mit dem Geld machen wollt.

## Reflexion

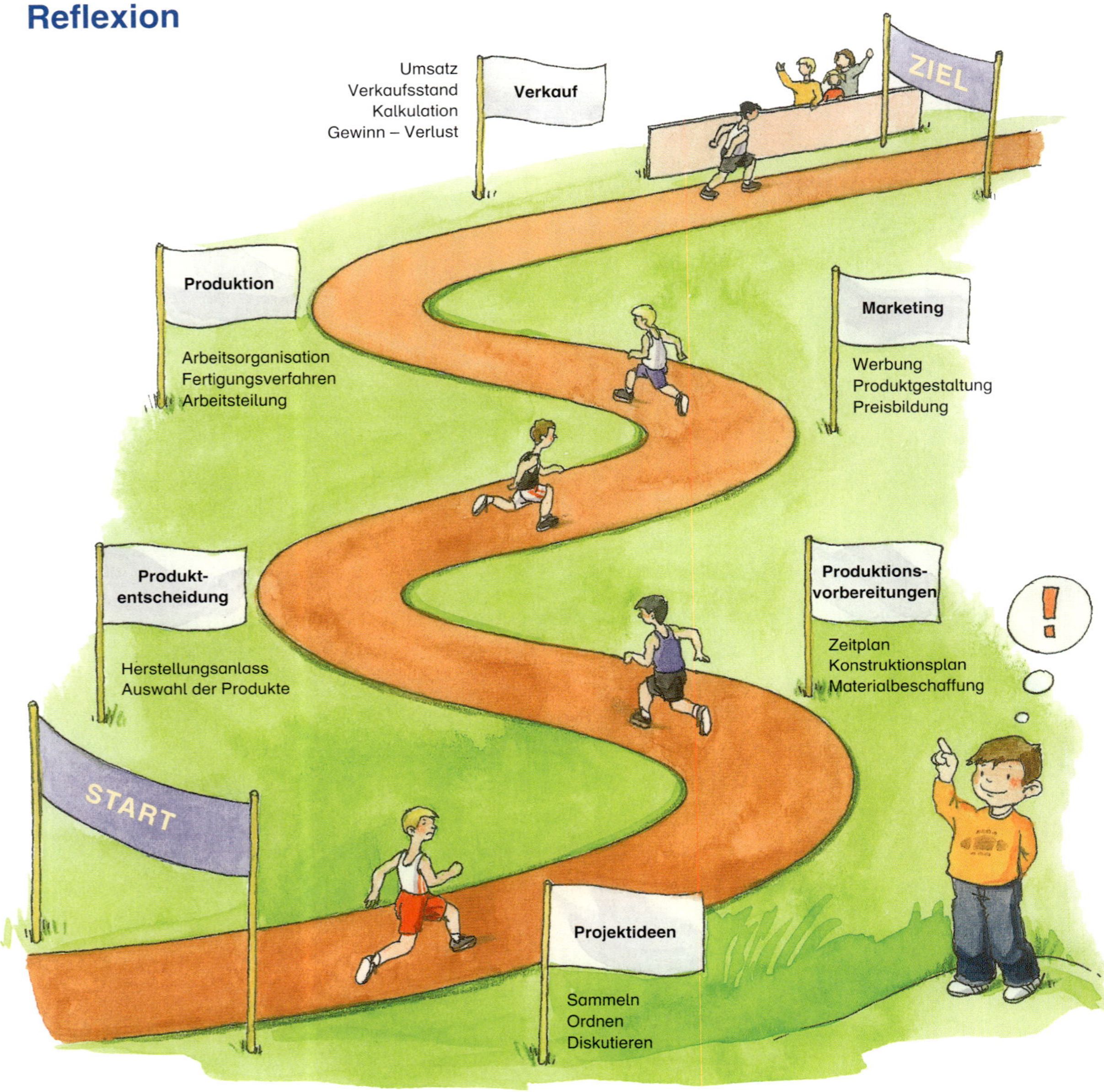


1. Betrachte das Bild und beschreibe deine Erfahrungen während des Projekts.
2. Diskutiert gemeinsam über eure Erfahrungen.

## Ablaufskizze

**Herstellung und Verkauf eines Produkts**
Hier: Obstkorb aus Holz*

| Fächer/Hilfen | Arbeitsschritte | Lehrgänge/Kurse |
| --- | --- | --- |
| | Sammeln von Projektideen<br>– Brainstorming<br>– Erkundung von Boutiquen und Geschäften<br>– Sichtung von Katalogen<br>– Suche im Internet | |
| Deutsch: Umfrage durchführen → | Entscheidungsfindung<br>– Umfrage<br>– Abstimmung<br>– nach Auftrag<br>– Hier: Entscheidung für Obstkorb | |
| | Prototypen herstellen, kaufen oder vorgeben<br>Hier: Obstkorb aus Zeitgründen vorgeben | |
| | Grobplanung<br>– Material<br>– Arbeitsschritte<br>– Herstellungsmöglichkeiten<br>–Zeitaufwand<br>– Finanzierung | |
| Mathematik: Längen, Schlussrechnung, Flächenberechnung → | Stückliste erstellen | ← Lehrgang: Technische Zeichnung |
| Deutsch: Befragung, Briefverkehr, Mathematik → | Einholen und Vergleichen von Angeboten | |
| Deutsch: Telefonat, Briefverkehr … → | Einkauf/Bestellung | |
| Geschichte: Fließfertigung → | Entscheidung für serielle Herstellung | |

* Du kannst zu diesem Thema auch andere Produkte herstellen und verkaufen, wie z. B. Gerichte, Textilien, Gegenstände aus Metall oder Ton. Dafür musst du anhand dieser Vorlage eine neue Ablaufskizze erstellen.

# 11 Herstellung und Verkauf eines Produkts

| Fächer/Hilfen | Arbeitsschritte | Lehrgänge/Kurse |
|---|---|---|
| | Einteilen der Arbeitsschritte<br>Hier:<br>– Anreißen der Seitenteile<br>– Aussägen der Seitenteile<br>– Ablängen der Stäbe<br>– Schleifen<br>– Verbinden<br>– Oberfächenbehandlung | |
| Deutsch → | Erstellen von Arbeitskarten<br>– Stationen | |
| | Einteilen der Gruppen | |
| | Vorbereiten der Arbeits-plätze | ← Lehrgang: Arbeitsplatzgestaltung |
| | Herstellen von Schablonen<br>– Ablängschablonen<br>– Anreißschablonen | ← Lehrgang: Schablonen herstellen |
| Deutsch: Arbeitsbericht → | Produktion | ← Lehrgang:<br>Hier:<br>– Ablängen mit/ohne Schablone<br>– Umgang mit Maschinen und Werkzeugen<br>– Oberflächenbehandlung |
| | Endkontrolle | |
| Mathematik: Schlussrechnung → | Verkaufspreis kalkulieren<br>– Selbstkosten<br>– Gewinnaufschlag | |
| Deutsch/Kunst: Plakat, Flyer → | Werbung für das Produkt | |
| | Einholen der Genehmigung<br>– von der Schulleitung<br>– von der Gemeinde/Stadt | |
| Kunst → | Einrichten des Verkaufsstands | |
| Deutsch: Verkaufsgespräch Mathematik → | Verkauf | ← Lehrgang: Kassenführung |

| Fächer/Hilfen | Arbeitsschritte | Lehrgänge/Kurse |
|---|---|---|
| Mathematik | Endkalkulation<br>– Umsatz<br>– Gewinn-Verlust-Rechnung | |
| Deutsch: Bericht | Reflexion<br>– Erfahrungen im Projekt<br>– Entscheidung über den Gewinn | |

## Stückliste

| Anzahl für einen Obstkorb | | | | | | |
|---|---|---|---|---|---|---|
| Pos. | Bezeichnung | Stück | Länge (in cm) | Breite (in cm) | Höhe (in cm) | Holzart |
| 1 | Seitenteil | 2 | 200 | 18 | 160 | Kiefer |
| 2 | Leisten | 15 | 300 | 12 | 12 | Kiefer |
| 3 | Holzleim (wasserfest) | | | | | |
| 4 | Heißkleber | | | | | |
| 5 | evtl. Nägel | | | | | |
| Anzahl für 20 Obstkörbe | | | | | | |
| 1 | Seitenteil | ? | ? | ? | ? | ? |
| ... | ... | ? | ? | ? | ? | ? |

## Ablaufskizze

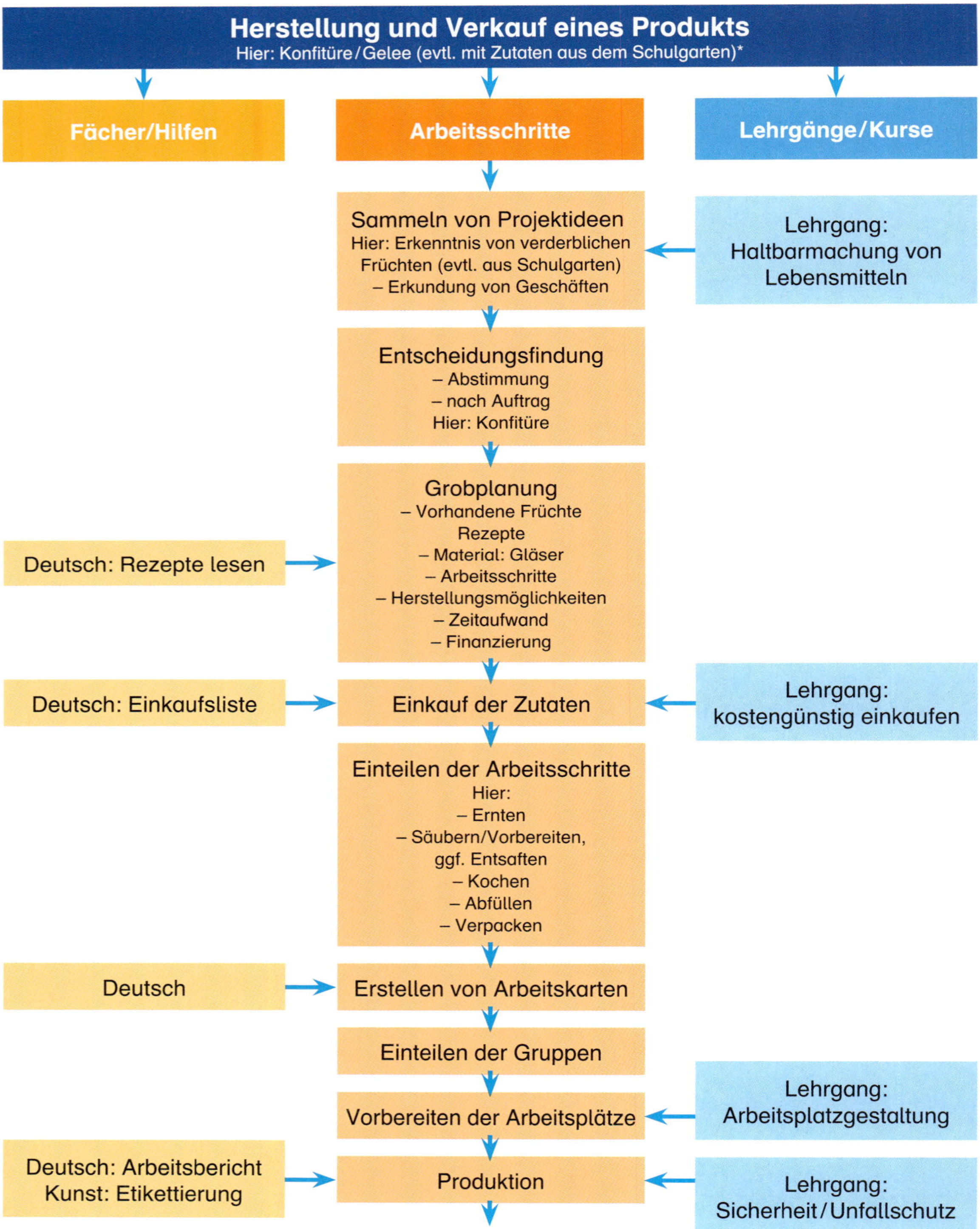

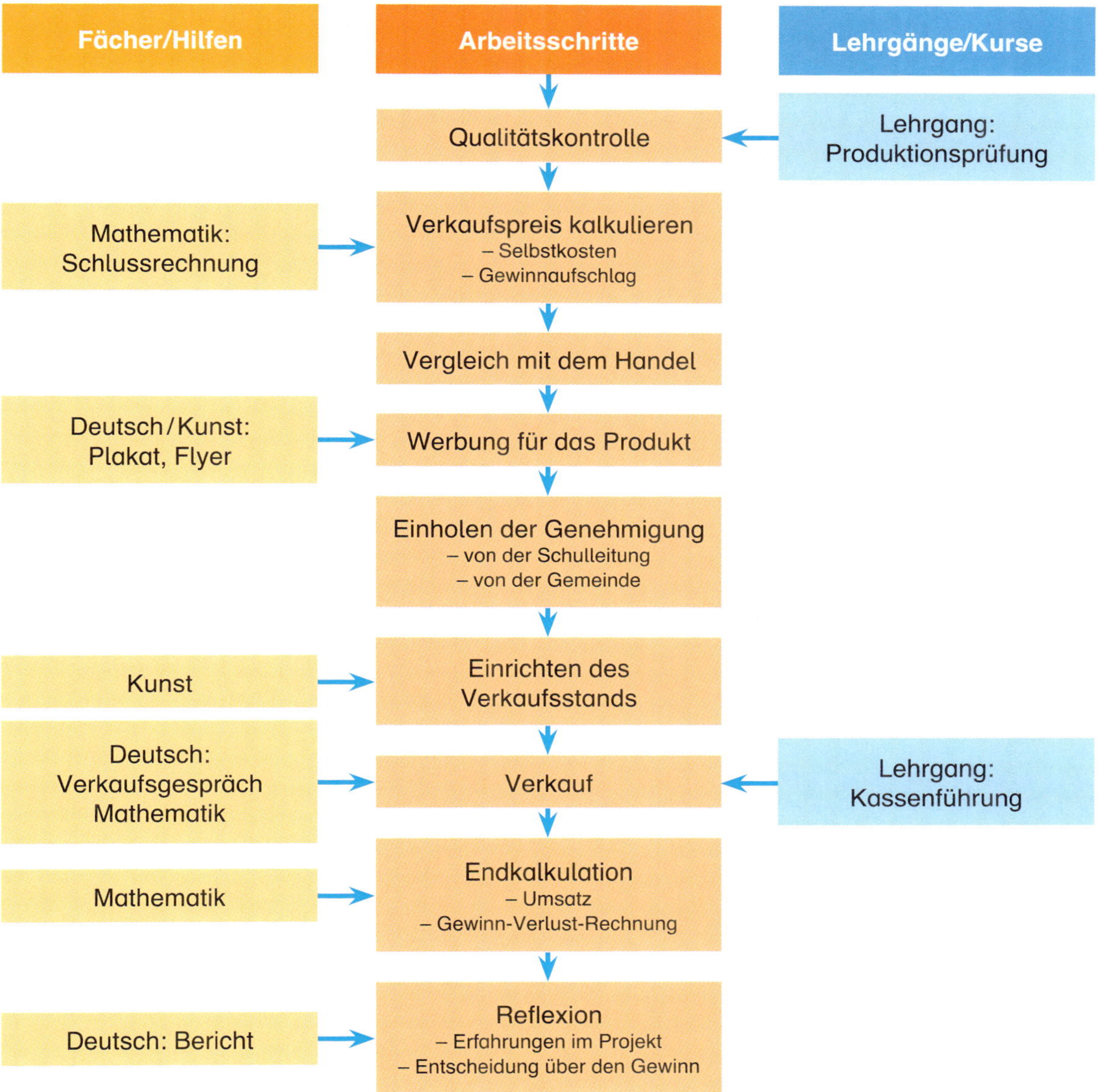


* Du kannst zu dieser Skizze auch andere Produkte aus dem Schulgarten herstellen und verkaufen. Dafür musst du anhand dieser Vorlage eine neue Ablaufskizze erstellen.

## Beerenkonfitüre

### Zutaten
- 1,2 kg gemischte Beeren
- 1 kg Zucker

Für diese Konfitüre kannst du Himbeeren, Brombeeren, Blaubeeren, Erdbeeren oder Stachelbeeren verwenden oder die Beeren auch mischen.

### Zubereitung
1. Die Beeren waschen und putzen.
2. Die Beeren mit dem Zucker in einen großen Topf geben und die Masse unter Rühren zum Kochen bringen.
3. Die Masse unter ständigem Rühren eine halbe Stunde köcheln lassen. Danach die Konfitüre vom Herd nehmen und in Gläser füllen. Die Gläser gut verschließen.

## Gelee

Wenn du keine Früchte da hast, kannst du auch Multivitaminsaft nehmen und ein Multivitamingelee kochen

### Zutaten
- $\frac{3}{4}$ l Fruchtsaft
- 1 kg Gelierzucker

### Zubereitung
1. In einem Topf den Gelierzucker in den Fruchtsaft einrühren und unter Rühren zum Kochen bringen.
2. 4 Minuten sprudelnd kochen lassen.
3. Das heiße Gelee in saubere Gläser füllen und diese mit einem Schraubdeckel verschließen.

# 12 Auskommen mit dem Haushaltseinkommen

# 12 Auskommen mit dem Haushaltseinkommen

## Haushalten

**Merke** **Das Leben in einem Haushalt – egal ob allein oder mit mehreren – kostet Geld. Die Ausgaben und die Bedürfnisse jedes Einzelnen müssen mit dem Einkommen abgestimmt sein, sonst rutscht man in die „Schuldenfalle". Haushalten ist schwierig und muss geplant werden.**

1. Betrachtet das Bild und sammelt weitere Ausgabenbereiche.
2. Befragt eure Eltern, welche feste Ausgaben es in eurem Haushalt gibt.

## Feste und veränderliche Ausgaben

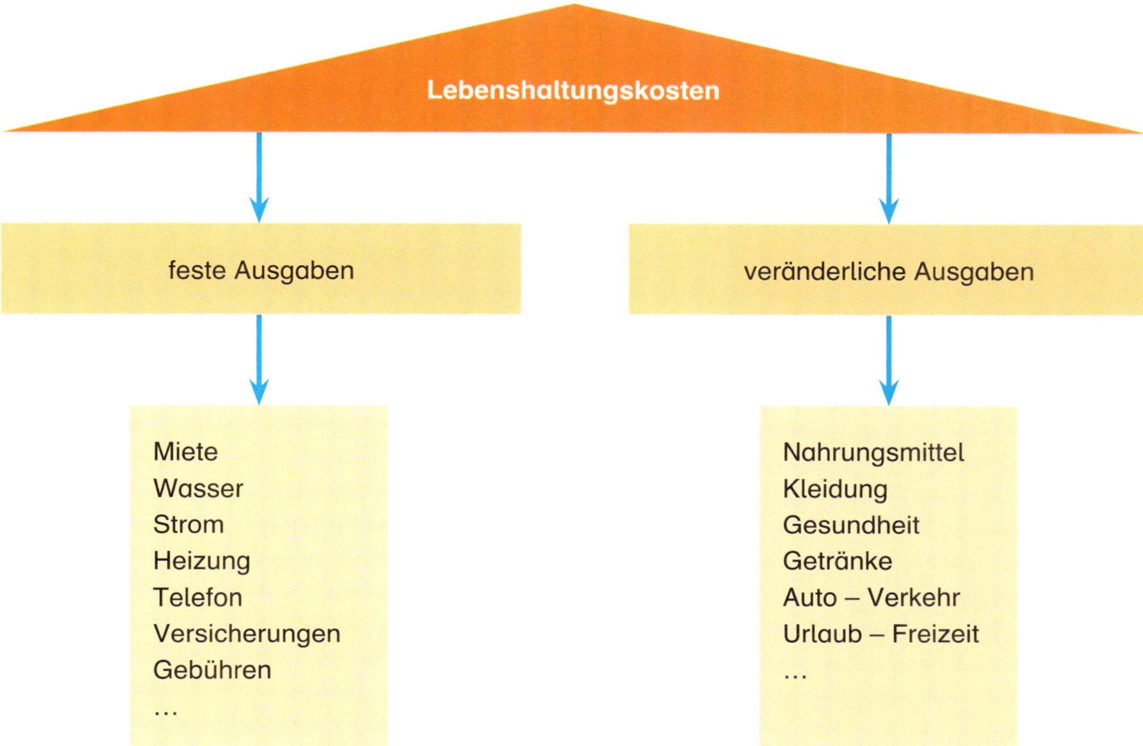


**Merke** **Die Personen in einem Haushalt müssen, um leben zu können, zumindest einen Teil ihres Einkommens für den Lebensunterhalt ausgeben. Dabei bleiben manche Ausgaben gleich oder kehren immer wieder. Man bezeichnet sie daher als „feste Ausgaben". Ausgaben, die sich ständig ändern oder die geändert werden können, nennt man „veränderliche Ausgaben" (flexible Ausgaben).**
**Beide Ausgabearten sind Kosten, die für die Lebenshaltung anfallen. Man nennt sie daher auch Lebenshaltungskosten.**

1. Die Aufzählung der zwei Ausgabearten ist nicht vollständig. Ergänze sie mit Beispielen aus deiner Familie.
2. Zeige in Beispielen den Unterschied zwischen beiden Ausgabearten.

## Kosten des Haushalts

Zu wissen, wofür die Haushalte ihr Geld ausgeben, ist nicht nur für die Ausgebenden, sondern auch für die Wirtschaft und die Politik wichtig. Die Wirtschaft kann sich mit ihren Produkten, ihrer Produktion und ihren Dienstleistungen daran orientieren, und die Politiker nutzen es für ihre politischen Entscheidungen und Gesetze. Daher werden fortwährend Befragungen durchgeführt.

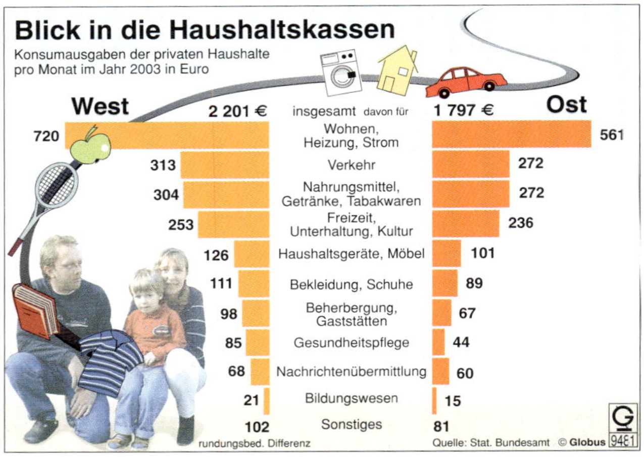


**Fragen zur Auswertung von Grafiken und Schaubildern**

1. Worum geht es?
2. Was sagen die Zahlen aus?
3. Welche Zusammenhänge bestehen zwischen den Zahlen?
4. Was sagen die Zahlen im Vergleich?
5. Welche Erkenntnisse lassen sich ableiten?
6. Wie wurden diese gestaltet?
7. Welche anderen Gestaltungsmöglichkeiten gibt es?

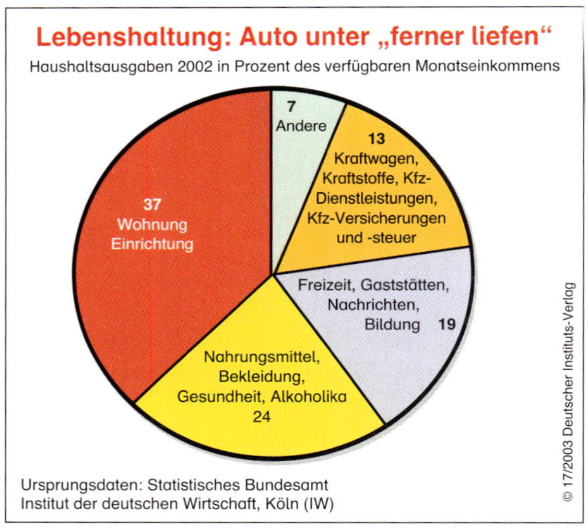


1. Versuche, die Schaubilder nach den obigen Fragen auszuwerten.
2. Wo liegen die Schwerpunkte der Ausgaben?
3. Ordne die Inhalte der Übersichten nach festen und veränderlichen/flexiblen Ausgaben.
4. Findet einen Merksatz zu den Schaubildern.
5. Vergleicht die Ergebnisse mit eurem Haushalt.
6. Beschreibt, woher euer Haushalt Geld bekommt. Wer trägt dazu bei?

## Selbstständig – unselbstständig

Es gibt eine Vielzahl von Einkommensarten. Es ist trotzdem nicht schwer, die Übersicht zu behalten, da sie sich auf zwei große Einkommensgruppen beschränken lassen.

aus selbstständiger Arbeit ← **Einkommen** → aus unselbstständiger Arbeit

**Merke**

**Arbeitnehmer, wie z. B. Arbeiter, Beamte oder Angestellte, sind Personen, die für andere arbeiten. Sie sind daher nicht selbstständig. Ihr Einkommen stammt somit aus unselbstständiger Arbeit.**
**Geschäftsleute, Ärzte, Landwirte usw. arbeiten für sich selbst. Ihre Einkommen stammen daher aus selbstständiger Arbeit. Oft sind sie auch Arbeitgeber.**

1. Sucht in Partnerarbeit weitere Beispiele für die beiden Einkommensgruppen.
2. Wo liegen die Vor- und Nachteile der beiden Einkommensgruppen?
3. Beschreibe den Unterschied zwischen Arbeitnehmer und Arbeitgeber.

## Vier große Einkommensarten

| aus aktiver Arbeit | aus gesetzlichen Regelungen |
| --- | --- |
| Diäten<br>Lohn<br>Gehalt<br>Honorar<br>Gage<br>Provision<br>Sold | Rente<br>Pension<br>Arbeitslosengeld<br>Sozialhilfe<br>Krankengeld<br>Erziehungsgeld |

**Einkommen**

| aus Besitz und Vermögen | aus sonstigen Nebeneinnahmen |
| --- | --- |
| Miete<br>Zins<br>Pacht<br>Dividende<br>Gewinn<br>Grundrente | Nebenverdienst<br>Zuschläge<br>Prämien<br>Schichtzulage<br>Nachtarbeit |

**Merke** **Die Haupteinnahmequelle vieler Haushalte ist Lohn oder Gehalt aus unselbstständiger Arbeit. Ein Teil von ihnen bestreitet den Lebensunterhalt aber auch von einer Rente, vom Arbeitslosengeld, vom Gewinn seines Geschäftes oder von Einnahmen aus Haus-, Geld- oder Grundbesitz. Dazu können noch zusätzliche Einnahmen vom Arbeitgeber oder vom Staat kommen.**

1. Suche zu den Einkommensarten aus aktiver Arbeit entsprechende Berufe.
2. Beschreibe, woher das Geld für die gesetzlichen Regelungen stammt.

## Verfügbare Einkommen

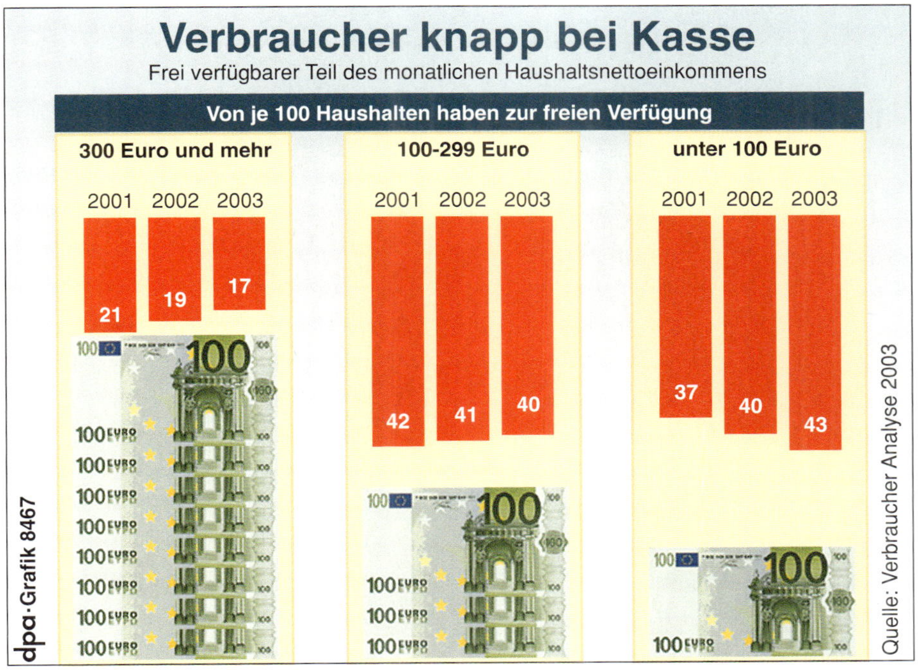


**Merke** **Viele Haushalte haben immer weniger Geld, da das frei verfügbare Einkommen immer geringer wird. Das frei verfügbare Einkommen ist das Geld, das nach Abzug der festen Ausgaben vom Nettolohn übrig bleibt.**
**Haushalte müssen daher ihre Finanzen planen, um über die „Runden" zu kommen.**

**Finanzierungsplan**

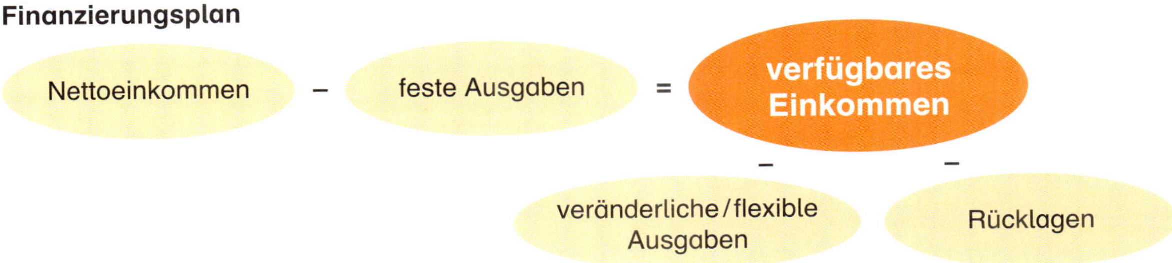


1. Beschreibe, was die Grafik aussagt.
2. Beschreibe, was die Übersicht aussagt.
3. Begründet die Beachtung von Rücklagen.
4. Wie kann man Rücklagen gewinnbringend nutzen? Was kann man damit tun?

## Mit einem Haushaltsbuch ökonomisch wirtschaften

Jedes Unternehmen braucht, um rentabel wirtschaften zu können, einen Überblick über seine Einnahmen und Ausgaben. Man spricht dabei von Buchhaltung.
Die Ausgaben dürfen die Einnahmen zumindest nicht übersteigen. Das Haushaltsbuch ermöglicht den dafür nötigen Überblick, wie die folgende Übersicht zeigt. Das gilt auch für den privaten Haushalt.

**Merke**

**Das Haushaltsbuch**

**ermöglicht:**
- **gezieltes Kaufen**
- **Begründung der Ausgaben**
- **langfristige Planungen**
- **Schaffung von Rücklagen**
- **Überblick über die Ausgaben**
- **Überblick über die Einnahmen**

**zeigt:**
- **Sparmöglichkeiten**
- **Schwerpunkte der Ausgaben**
- **Notwendigkeit der Ausgaben**
- **Fehlbeträge**
- **Mehrausgaben**
- **feste Ausgaben**
- **veränderliche/flexible Ausgaben**

**1.** Diskutiert mit euren Eltern die Vor- und Nachteile eines Haushaltsbuchs. Haltet die Argumente schriftlich fest.

## Kriterien eines Haushaltsbuchs

In jedem Haushalt gibt es unterschiedliche Ausgaben, die übersichtlich zusammengefasst werden müssen. Das gilt vor allem für die veränderlichen Ausgaben. Dabei sollten aber immer die nachfolgenden Bereiche vorhanden sein:

- Nahrung
- Körper und Gesundheit
- Bildung
- ...
- Auto – Verkehr
- Wohnung
- Freizeit
- Genussmittel
- Kleidung
- Energie

Ob jemand weiter unterteilt und wie, ist seine Entscheidung. Wichtig ist, dass die Aufzeichnungen übersichtlich sind und keine wichtigen Ausgaben fehlen.

**Merke** **Ein Haushaltsbuch ist übersichtlich geführt, wenn**
- **es alle Ausgaben und Einnahmen enthält,**
- **die Eintragungen regelmäßig erfolgen,**
- **die Belege aufbewahrt werden,**
- **mindestens wöchentlich abgerechnet wird und**
- **die Ausgaben überprüft werden.**

1. Begründet die einzelnen Aussagen des Merksatzes.

## Führen eines Haushaltsbuchs

Haushaltsbücher und Finanzpläne können unterschiedlich geführt werden. Man kann sie bei Verbraucherzentralen, Beratungsstellen oder im Schreibwarenhandel erwerben. Hierzu folgendes Beispiel:

| Einnahmen | Januar | Februar | März | April |
|---|---|---|---|---|
| Lohn Peter | 2.000,– | 2.000,– | 2.000,– | 2.000,– |
| Gehalt Petra | 720,– | 720,– | 720,– | 720,– |
| Kindergeld | 154,– | 154,– | 154,– | 154,– |
| Urlaubsgeld Peter | | | | |
| Weihnachtsgeld Peter | | | | |
| Weihnachtsgeld Petra | | | | |
| Steuerrückerstattung | | | | |
| Zinsen | 200,– | | | |
| | | | | |
| | | | | |
| **Einnahmen gesamt** | 3.074,– | 2.874,– | 2.874,– | 2.874,– |

| Feste Ausgaben | Januar | Februar | März | April |
|---|---|---|---|---|
| Miete incl. Nebenkosten | 620,– | 620,– | 620,– | 620,– |
| Strom | 120,– | | 120,– | |
| Rundfunk/Fernsehen | 48,– | | | 48,– |
| Grundgebühr Telefon | 25,– | 25,– | 25,– | 25,– |
| Hausratversicherung | 130,– | | | |
| Kfz-Steuer | | 150,– | | |
| Kfz-Versicherung | 350,– | | | |
| Sparen | 150,– | 150,– | 150,– | 150,– |
| Lebensversicherung Peter | 50,– | 50,– | 50,– | 50,– |
| Kredit | 200,– | 200,– | 200,– | 200,– |
| **Feste Ausgaben gesamt** | 1.693,– | 1.195,– | 1.165,– | 1.093,– |

**Merke**

**Um bei den Haushaltsausgaben den Überblick zu behalten, sollten ein Haushaltsbuch geführt und ein Finanzplan erstellt werden. Dabei dürfen die Ausgaben die Einnahmen nicht übersteigen.**

1. Entwerft in Partner- oder Gruppenarbeit ein Haushaltsbuch. Legt die für euch wichtigen Spalten fest.
2. Führt persönlich ein Haushaltsbuch über eure Einnahmen und Ausgaben.
3. Berichtet später über eure Erfahrungen.

## Mit dem Einkommen verantwortlich umgehen

Ein Haushaltsbuch führen und die Finanzen planen ist für einen wirtschaftlichen Umgang mit dem Haushaltseinkommen nicht alles.

**Finanzplanung**

| | | | |
|---|---|---|---|
| vorausschauend planen | Nutzen bedenken | Kosten vergleichen | Rücklagen schaffen |
| Informationen sammeln | Haushaltsbuch führen | Alternativen überlegen | Preis – Leistung vergleichen |
| Notwendigkeit überprüfen | Folgekosten bedenken | Finanzplan erstellen | Preisvorteile nutzen |

**Merke** **Mit dem Einkommen verantwortlich umgehen heißt, dass damit ein möglichst großer Nutzen erzielt wird. Das kann man nur erreichen, wenn langfristig, planmäßig und überlegt gehandelt wird.**

1. Was bedeutet das obere Bild? Beschreibe.
2. Ordne die Bausteine nach der Wichtigkeit für dich.
3. Konsumverzicht, Konsumverlagerung, Konsumverzögerung oder teilweiser Konsumverzicht sind Maßnahmen, wenn das Geld knapp ist. Kläre diese Maßnahmen in der Gruppe und berichte.

## Die Marke macht's

Angela: „Ich trage nur Markenkleidung. Da bin ich gut angezogen und besitze auch noch die richtige Qualität."

Markus: „Meine Marke ist mir wichtig. Damit bin ich immer in und in der Gruppe angesehen. Sie ist zwar teurer, aber das ist sie mir wert."

Ivo: „Die Marke ist für mich nicht so wichtig. Entscheidend sind für mich die Qualität, der Preis und der Nutzen. Warum für den Namen bezahlen?"

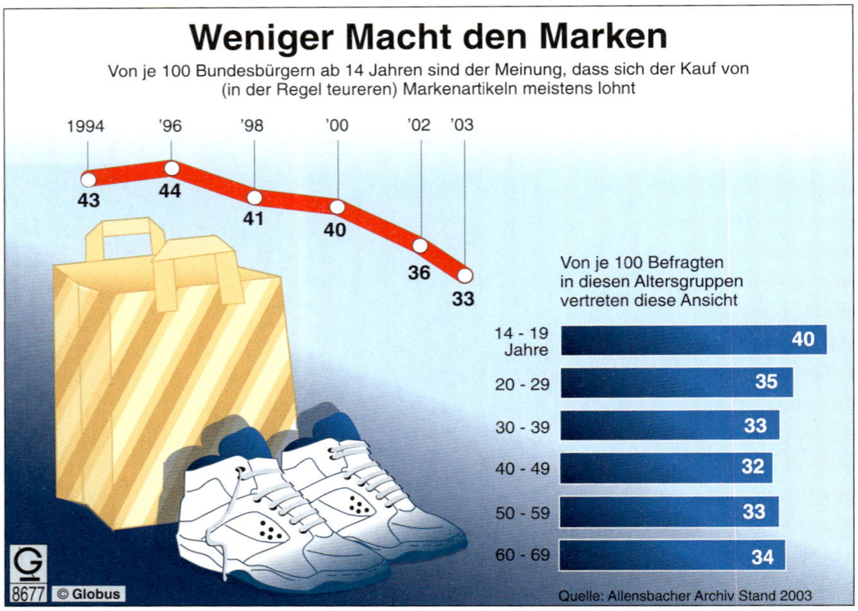


Die Diskussion um die Wirtschaftlichkeit und die Qualität von Markenartikeln beschäftigt alle Altersgruppen. Besonders die jungen Leute zwischen 14 und 19 Jahren setzen auf Markenartikel.

**Merke** **Jugendliche sind für die Wirtschaft wichtige Konsumenten. Mit geschickten Werbestrategien suggeriert sie den Jugendlichen, mit einer Marke in zu sein. Dafür geben Jugendliche sehr viel Geld aus.**

1. Diskutiert über die Aussagen. Sammelt weitere Argumente.
2. Spielt dies in einem Rollenspiel nach.
3. Was sagt das Schaubild dazu aus?

## Umweltschutz im Haushalt

...

weniger Heizung

weniger Wasser

weniger Strom

Umweltzeichen

weil ......

Jury Umweltzeichen

weniger Abfall

weniger Auto

weniger waschen

weniger Reinigung

weniger Kühlung

weniger Verpackung

...

**Merke** **Umweltschutz im Haushalt schützt nicht nur die Umwelt, sondern spart auch Kosten. Umweltbewusstes Handeln und Wirtschaften ist notwendig. Das bedeutet keinen großen Verzicht. Auch der Lebensstandard sinkt dabei nicht spürbar. Der Beitrag zur Erhaltung der Umwelt aber gleicht dies bei Weitem aus.**

1. Informiere dich über die Kosten für Müllentsorgung, Wasser, Abwasser und Strom in eurem Haushalt.
2. Nenne Möglichkeiten, wie diese reduziert werden können.
3. Erstellt Plakate mit Tipps, wie diese Kosten auch in der Schule gesenkt und damit die Umwelt geschützt werden kann.
   Als Hilfe dazu dient die Ablaufskizze auf Seite 30.

**Ablaufskizzen**
veranschaulichen schrittweise einen Arbeitsprozess.

**Absatzstrategien**
sind Maßnahmen, die Betriebe anstellen, um ihre Firma bekannt zu machen und ihre Produkte zu verkaufen.

**Abzüge**
vom Bruttolohn sind die Sozialversicherungsbeiträge, die Lohn- und Kirchensteuer und der Solidaritätszuschlag.

**Aktien**
sind Beteiligungen am Grundkapital von Unternehmen, die an der Börse gehandelt werden.

**Alleinerziehende**
sind Mütter oder Väter, die ihr Kind oder ihre Kinder alleine, also ohne Ehepartner, aufziehen.

**Angebot**
bedeutet die Aussage, eine bestimmte Ware oder Dienstleistung zu einem festgelegten Preis kaufen oder verkaufen zu wollen.

**Antrag**
ist die Willenserklärung, mit der jemand einem anderen einen Vertragsabschluss (z. B. Kauf oder Verkauf) anbietet.

**Arbeit**
ist im Allgemeinen die zielgerichtete, zweckgebundene menschliche Verrichtung einer Tätigkeit. Sie ist ein bewusstes Handeln des Menschen zum Zweck der Existenzsicherung wie der Befriedigung von Einzelbedürfnissen.

**Arbeitgeber**
sind alle, die jemanden für sich arbeiten lassen und ihn dafür bezahlen. Dazu gehören Betriebsinhaber, Geschäftsleute, Verbände, Organisationen, Gemeinden, Staat …

**Arbeitnehmer**
sind alle, die für jemanden arbeiten und dafür Gehalt oder Lohn erhalten.

**Arbeitsbedingungen**
meint alle Umstände, welche die Arbeit in einem Betrieb beeinflussen.

**Arbeitsbewertung**
stellt durch wiederholte Beobachtung die Anforderungen einer Arbeit fest und teilt einen gerechten Lohn zu.

**Arbeitsleistung**
meint das Ergebnis einer Arbeit.

**Arbeitsmarkt**
meint das Angebot und die Suche von Arbeitskräften und Arbeitsstellen in den Medien und durch die Bundesagentur für Arbeit.

**Arbeitsorganisation**
bemüht sich, durch Einsparung von Zeit, Material und Energie möglichst kostengünstig zu produzieren.

**Arbeitsplatzerkundung**
stellt bei Betriebsbesuchen durch Fragen und Beobachtungen die Arbeitsplatzbedingungen fest.

**Arbeitsplatzmerkmale**
umfassen alle Bedingungen, die bei der Erledigung einer Arbeit eine Rolle spielen. Sie reichen von den Arbeitsgeräten bis zur Lohnhöhe.

**Arbeitsteilung**
sagt aus, dass eine Arbeit in mehrere Arbeitsschritte aufgeteilt wird, die dann von verschiedenen Personen, Gruppen oder auch größeren Firmen erledigt wird.

**Arbeitszeitkonten**
sammeln nicht bezahlte Arbeitszeiten, die später durch Freizeit ausgeglichen werden.

**Ausschreibung**
bedeutet die Bekanntgabe und genaue Beschreibung von Arbeiten und Aufträgen, um verschiedene Preisangebote zu erhalten.

**Aussperrung**
ist eine Gegenmaßnahme der Arbeitgeber. Bei einem Streik verweigern sie allen Arbeitnehmern

den Zutritt zum Betrieb oder kündigen ihnen sogar das Arbeitsverhältnis.

**Bedarfsanalysen**
sind Umfragen, ob und bei welchen Bedingungen Kunden bereit sind, ein hergestelltes Produkt zu kaufen.

**Behörden**
sind Einrichtungen bei Gemeinden, Landkreisen, Städten oder Staat, die Dienstleistungen für die Bürger erbringen.

**Bemaßung**
bedeutet das Eintragen von Maßen wie Länge, Breite, Höhe oder Dicke in technischen Zeichnungen und Skizzen.

**Berufliche Grundbildung**
ist die Erstausbildung in einem gewählten Ausbildungsberuf im Rahmen des Berufsfeldes.

**Betriebskosten**
sind alle Aus- und Abgaben, die einem Betrieb bei der Herstellung einer Ware entstehen. Sie reichen von den Material-, Lohn- und Energiekosten bis zu den Beiträgen zur Sozialversicherung der Beschäftigten.

**Betriebsspiegel**
beschreibt einen Betrieb mit Aussagen, z. B. über Größe, Beschäftigte, Kunden, Geräteausstattung.

**Bildungsmessen**
sind Veranstaltungen, in denen sich Betriebe, Firmen, Fachschulen und sonstige berufliche Einrichtungen vorstellen und ihre Ausbildungsmöglichkeiten aufzeigen.

**Brainstorming**
ist eine Ideensammlung zu einem Inhalt, in dem die Äußerungen weder falsch noch richtig sind.

**Branche**
umfasst Betriebe, die alle die gleichen Waren oder Dienstleistungen anbieten wie z. B. Metallindustrie, Bauwirtschaft, Bankwesen …

**Bruttolohn**
ist ein Lohn oder Gehalt, bei dem noch keine Sozialabgaben und Steuern abgezogen sind. Er ist immer höher als der Nettolohn.

**Collage**
ist eine Sammlung von Bildern und kurzen Texten zu einem festgelegten Oberthema.

**Deflation**
bedeutet die Verringerung des Geldumlaufs. Er kann vom Staat, der Wirtschaft oder auch von den Verbrauchern veranlasst oder verursacht werden.

**Demografische Entwicklung**
meint sämtliche Zahlen über die Bevölkerungsentwicklung eines Staates. Dazu gehören die Anzahl der Geburten, Sterbefälle, Erwerbstätigen, Rentner, Schüler usw.

**Devisen**
sind ausländische Zahlungsmittel.

**Dienstleistungen**
sind von anderen Menschen für uns übernommene Tätigkeiten, die wir nicht selbst ausüben können oder wollen und für die wir bezahlen müssen.

**Dispositionskredite**
werden von den Geldinstituten als Überziehungskredite eines Girokontos mit relativ hohen Zinsen angeboten.

**Dokumentationen**
sind Bescheinigungen, Zeugnisse und andere schriftliche oder bildliche Aufzeichnungen, die der Bestätigung von Vorgängen oder Eigenschaften dienen.

**Duales System**
kennzeichnet eine Berufsausbildung, die im Betrieb und in der Schule erfolgt.

**Einkommen**
umfasst alle Geldbeträge oder auch Güter, die ein Einzelner oder ein Haushalt regelmäßig erhält.

**Entgelt**
ist der Lohn für eine Arbeit oder Dienstleistung.

**Ergonomie**
erforscht die Arbeitsbedingungen am Arbeitsplatz. Dabei geht es um die Anpassung der Arbeitsmittel an den Körper.

**Erwerbsarbeit**
umfasst sowohl berufliche als auch nicht berufliche Arbeit. Sie meint jede bezahlte Arbeit, die dem Gelderwerb dient.

**Fachgeschäfte**
sind Geschäfte, die sicht auf bestimmte Waren und eine gute Qualität spezialisiert haben wie z. B. Kleidung, Sportartikel, Fahrräder usw.

**Fähigkeiten**
sind besondere Begabungen, die du von Natur aus besitzt oder die du auch erwerben und entwickeln kannst.

**Familie**
meint in der Regel Eltern mit Kindern. Aber auch Alleinstehende oder Ehepaare ohne Kinder gelten als Familie.

**Finanzpläne**
sind Aufzeichnungen über längerfristige Einnahmen und Ausgaben eines Privathaushaltes. Bei Gemeinden und Staat heißen sie „Haushalt" oder „Etat".

**Flexibilität**
nennt man die Fähigkeit, sich neuen Situationen und Gegebenheiten schnell anpassen zu können und in neuen Situationen schnell und richtig zu reagieren.

**Freibeträge**
werden auf der Lohnsteuerkarte eingetragen und sind Lohn- oder Gehaltsbeträge, für die keine Steuern bezahlt werden müssen.

**Geldkreislauf/Wirtschaftskreislauf**
meint die Geld- und Warenströme zwischen Geldinstituten, Unternehmen, Haushalten und Staat.

**Generationenvertrag**
bezeichnet ein System der Altersversorgung, bei dem Betriebe und ihre Mitarbeiter durch Beiträge die Renten für die nicht mehr Erwerbstätigen bezahlen.

**Gewerbliche Wirtschaft**
sind alle Handwerks-, Dienstleistungs- und Industriebetriebe, die etwas herstellen, erhalten oder auch ausbessern.

**Geschäftsfähigkeit**
regelt, ab welchem Alter man Geschäfte (Verträge) abschließen darf. Man unterscheidet zwischen geschäftsfähig, geschäftsunfähig und beschränkt geschäftsfähig.

**Gläubiger-/Rentenpapiere**
kennzeichnen Wertpapiere mit für die Laufzeit festgeschriebenem Zins und garantierter Rückzahlung des Kaufpreises. Man bezeichnet sie daher auch als festverzinsliche Wertpapiere.

**Global Player**
sind Firmen, die weltweit Waren herstellen und auch weltweit handeln und verkaufen.

**Grafik**
ist eine bildhafte oder schematische Darstellung eines Sachverhalts.

**Grundbedürfnisse**
sind Bedürfnisse, die lebensnotwendig sind, wie z. B. Essen, Trinken, Kleidung, Wohnen.

**Grundschuld**
ist eine langfristige Darlehensaufnahme, bei der meist ein Grundstück verpfändet wird. Der Schuldner haftet hier mit dem gegebenen Pfand (z. B. Grundstück oder Haus).

**Güter**
sind Waren oder auch Dienstleistungen, die angeboten werden und die man kaufen kann.

**Handel**
ist die Sammelbezeichnung für den Transport, für den Einkauf und für den Verkauf von Waren aller Art.

**Haushalt**
- dient als Bezeichnung für eine oder mehrere Person/en, die in einer Wohnung lebt/leben und dafür ein Einkommen benötigt/benötigen;
- bezeichnet aber auch die Einnahmen und Ausgaben einer Familie, einer Gemeinde, einer Stadt oder auch eines Landes.

**Haushaltsbücher**
beinhalten genaue Aufzeichnungen über die Einnahmen und Ausgaben eines privaten Haushaltes.

**Haushaltspläne**
sind Aufstellungen der zu erwartenden Einnahmen und Ausgaben eines Familienhaushalts, einer Gemeinde, einer Stadt oder eines Landes.

**Hypothek**
bezeichnet einen länger laufenden Kredit, für dessen Sicherheit meist ein Grundstück verpfändet wird. Der Schuldner haftet dabei mit seinem ganzen Besitz.

**Inflation**
sagt aus, dass die Preise schneller steigen als die Löhne. Das Geld wird dadurch immer weniger wert. Man spricht daher auch von Geldentwertung.

**Inflationsrate**
ist die prozentuale Angabe der Preissteigerungen für einen bestimmten Zeitraum.

**Insolvenz**
bedeutet, dass die bestehenden finanziellen Forderungen nicht mehr erfüllt werden können.

**Internet**
ist ein weltweites Netz von Millionen angeschlossener Computer, die über Telefon- oder Standleitungen Daten, Programme und Informationen untereinander austauschen oder elektronische Post versenden.

**Interview**
ist eine Befragung von Experten, um bestimmte Informationen zu erhalten.

**Investitionen**
bedeutet Geldaufwendungen für Neuanschaffungen von Maschinen, technischen Verfahren oder auch Gebäuden, um mehr, besser und preiswerter produzieren zu können.

**Jugendarbeitsschutzgesetz**
ist ein Gesetz, das Kinder und Jugendliche vor gesundheitsgefährdender Arbeit schützt. Verstöße dagegen werden bestraft.

**Just in time**
bedeutet, dass bei der Herstellung einer Ware die dafür benötigten Teile zum richtigen Zeitpunkt vorhanden sind. Dieses Verfahren erspart eine größere, kostenaufwändige Lagerhaltung.

**Kalkulation**
bedeutet, Überlegungen anzustellen, wie angestrebte Ziele möglichst gut erreicht werden können. Preiskalkulation ist dabei die Festlegung, zu welchem Preis ein Erzeugnis verkauft werden kann.

**Kaufkraft**
ist das Verhältnis von Preis zu Ware. Hohe Kaufkraft bedeutet viel Ware oder Leistung für wenig Geld. Bei geringer Kaufkraft ist es umgekehrt.

**Kaufverträge**
entstehen immer dann, wenn Käufer oder Verkäufer ein Angebot machen, das der andere dann annimmt.

**Kinderarbeitsschutzverordnung**
legt fest, welche Arbeiten Kinder unter welchen Bedingungen ausführen dürfen.

**Kommunikation**
heißt eigentlich Mitteilung und meint damit, mit anderen Menschen in Kontakt zu treten, um Meinungen auszutauschen oder Probleme und Aufgaben zu lösen.

**Kommunikationstechniken**
sind technische Hilfsmittel, um über größere Entfernungen hinweg Kontakte zu pflegen. Dazu zählen: Telefon, Handy, Fax, E-Mail, Internet.

**Konjunktur (Wirtschaftslage)**
sagt etwas darüber aus, wie es Arbeitgebern und Arbeitnehmern geht, ob viel oder wenig produziert oder verkauft wird, ob es mehr oder weniger Arbeitsplätze oder Aufträge gibt. Dabei gibt es ein Auf und Ab.

**Konsum**
ist der Verbrauch oder die Nutzung von Waren und Dienstleistungen. Er kostet fast immer Geld.

**Kredite**
sind bei Geldinstituten „gekauftes Geld", für das Zinsen bezahlt werden müssen. Die Rückzahlung erfolgt meist in festgelegten Zahlungsschritten. Man bezeichnet sie auch als Darlehen.

**Kreditfähigkeit**
umfasst die persönlichen Daten eines Kreditnehmers, um die rechtlichen und finanziellen Grundlagen für eine Kreditvergabe überprüfen zu können.

**Kreditsicherungen**
sind Maßnahmen für die Sicherheit der Kreditrückzahlung. Sie reichen von einer Lohnabtretung bis zur Übereignung von Gegenständen, Immobilien oder Grundstücken.

**Kursverlauf**
beschreibt die Preisveränderungen einer Aktie innerhalb eines bestimmten Zeitraums. Er wird meist in Kurven dargestellt.

**Kurswert**
ist der aktuelle Preis einer Aktie im Börsenhandel. Dieser wird durch das Angebot und die Nachfrage auf dem Börsenmarkt bestimmt.

**Langzeitarbeitsloser**
ist jemand, der länger als ein Jahr ohne Arbeit ist.

**Lebenshaltungskosten**
sind die Ausgaben einer Familie für die benötigten Güter und Dienstleistungen des täglichen Bedarfes für einen bestimmten Zeitraum wie z. B. für einen Monat oder ein Jahr.

**Lebensstandard**
sagt etwas darüber aus, wie viel jemand besitzt und wie viel er sich leisten kann. Er hängt vom Einkommen und der Kaufkraft ab.

**Leistungsprofile**
stellen die körperlichen, geistigen, gesundheitlichen und sozialen Fähigkeiten eines Menschen in einer übersichtlichen Weise dar.

**Liquidität**
meint die Zahlungsfähigkeit, d. h. das Vorhandensein oder auch die Verfügbarkeit von Zahlungsmitteln.

**Logistik**
umfasst alle Maßnahmen, die den rechtzeitigen Nachschub von Materialien und Waren sicherstellen.

**Logistikcenter**
übernehmen für andere Betriebe die Lagerung, den Nachschub und die Verteilung von Waren.

**Lohn**
ist die Entschädigung für Arbeiter für eine geleistete Arbeit.

**Lohngruppen**
sind Arbeits- und Anforderungsbeschreibungen, denen eine gewisse Lohnhöhe zugeteilt ist.

**Lohnnebenkosten**
meinen die Kosten, die der Arbeitgeber zusätzlich zu den Lohnzahlungen für seine Arbeitnehmer leisten muss. Es gibt gesetzliche, tarifliche und freiwillige.

**Marketing**
beinhaltet alle Maßnahmen, um Verbraucherwünsche zu entdecken, dafür Waren herzustellen und diese zu verkaufen.

**Markt**
ist überall da, wo gekauft und verkauft wird, wo sich Anbieter und Käufer, Angebot und Nachfrage treffen.

**Marktstrategie**
umfasst alle Maßnahmen von Geschäftsleuten, Kunden zu gewinnen und zum Kauf von Waren oder Dienstleistungen in ihrem Geschäft anzuregen.

**Mechanisierung**
steht für den Ersatz menschlicher Arbeitskraft durch Maschinen. Sie dient dazu, Waren schneller und billiger herzustellen oder Arbeit zu erleichtern.

**Methode**
ist eine Folge von Schritten, die zu einem Ziel führen sollen.

**Minderjährigkeit**
besteht bis zur Vollendung des 18. Lebensjahres.

**Minderung**
bedeutet, dass man bei einer fehlerhaften Ware oder Dienstleistung eine Herabsetzung des Preises verlangen kann.

**Mind Map**
ist eine grafische Darstellung in Folge eines Brainstormings.

**Mitbestimmung**
ist das Recht der Arbeitnehmervertreter, bei betrieblichen Entscheidungen mitbestimmen zu dürfen. Sie ist im Betriebsverfassungsgesetz festgeschrieben.

**Montage bzw. Demontage**
bezeichnet Zusammenbauen oder Zerlegen von Gegenständen oder Geräten.

**Motive**
sind Gründe oder Ursachen, die jemanden dazu veranlassen, etwas zu tun oder zu unternehmen.

**Nettolohn**
ist der Lohn, der nach Abzug der Steuern, Sozialabgaben und des Solidaritätszuschlags vom Bruttolohn übrig bleibt.

**Ökologie**
zeigt die Beziehungen zwischen Natur, Mensch und Tier und ihrer Umwelt auf.

**Ökologisches Handeln**
heißt, alle eigenen Maßnahmen und Tätigkeiten auf ihre Umweltverträglichkeit hin zu überprüfen und eventuell zu ändern.

**Ökonomisches Handeln**
meint, mit den vorhandenen Mitteln (Geld, Rohstoffe, Arbeitskraft) einen möglichst hohen Ertrag zu erreichen oder ein wirtschaftliches Ziel mit einem möglichst geringen Aufwand zu verwirklichen.

**Onlinebanking**
bezeichnet die Abwicklung von Geld- und Bankgeschäften über das Internet und einen Computer.

**Onlineshop**
ist die Bezeichnung für eine Einkaufsmöglichkeit im Internet.

**Order**
nennt man einen Kauf- oder Verkaufsauftrag für Aktien und andere Wertpapiere.

**Outsourcing**
meint die Verlagerung von Teilen der betrieblichen Arbeit an Fremdfirmen.

**Personalkosten**
umfassen alle Geld- und Sachleistungen eines Betriebs für seine Mitarbeiter.

**Personalpolitik**
beschreibt, wie ein Betrieb seine Mitarbeiter gewinnt, führt, betreut und versorgt.

**Persönlichkeitsprofil**
ist die Auflistung der Fähigkeiten, Fertigkeiten, Interessen, Hobbys, Stärken, Schwächen und Talente einer Person.

**Präsentation**
ist die Darstellung von Arbeitsergebnissen in Übersichten, Schautafeln, Wandzeitungen usw.

**Preisniveau**
bedeutet die durchschnittliche Preishöhe aller Waren und Dienstleistungen für einen gewissen Zeitraum.

**Preis-Leistungs-Verhältnis**
kennzeichnet den Wert einer gekauften Ware oder Leistung im Vergleich zum dafür ausgegebenen Geld. Ist es hoch, hat man gut eingekauft, ist es niedrig, war der Einkauf nicht günstig.

**Preisstabilität**
ist die Tatsache, dass sich das Preisniveau nicht ändert und dass sich Preissteigerungen durch Preissenkungen ausgleichen.

**Produktion**
ist eine andere Bezeichnung für die Herstellung von Waren.

**Produktionsideen**
sind die Überlegungen eines Betriebsinhabers, was er wie herstellen und verkaufen will.

**Produktivität**
sagt aus, wie viel Ertrag bei einer Arbeit oder der Herstellung einer Ware in einer gewissen Zeit mit einem gewissen Aufwand erwirtschaftet wird.

**Produktpolitik**
versucht die eigenen Produkte oder Dienstleistungen den Bedürfnissen der Verbraucher anzupassen.

**Projekt**
in der Schule ist eine produkt- und praxisorientierte Vorgehensweise, die einen hohen Anteil an Eigenverantwortlichkeit der Schüler beinhaltet.

**Qualifikationsprofile**
zeigen die Interessen, Wünsche, Erwartungen, Fähigkeiten, Fertigkeiten und Neigungen von Personen.

**Ranking**
ist eine festgelegte Reihenfolge.

**Rationalisierung**
bedeutet in einem Betrieb die Einsparung von Leerlauf und jedem überflüssigen Aufwand an Geld, Arbeitszeit und Material. Dadurch sollen die Herstellungskosten gesenkt und der Gewinn erhöht werden.

**Reklamation**
bedeutet Beschwerde über eine fehlerhafte Ware oder Dienstleistung mit dem Ziel, Ersatz, Nachbesserung oder Preisnachlass zu erhalten.

**Reklame**
ist Werbung in Form von Plakaten, Schildern oder Leuchtschriften, die mehr anlocken sollen als informieren.

**Rentabilität**
sagt aus, dass der Gewinn oder Verlust größer ist als der Aufwand oder Mitteleinsatz.

**Ressourcen**
ist die Zusammenfassung für die heute noch vorhandenen Vorräte an Rohstoffen, Bodenschätzen und anderen lebensnotwendigen Dingen wie z. B. Wasser, Luft oder Natur.

**Schlichter**
vermitteln bei Arbeitskämpfen zwischen den Tarifpartnern und versuchen eine Kompromisslösung zu erreichen.

**Schlüsselqualifikationen**
sind fachunabhängige Eigenschaften, Fähigkeiten und Anforderungen, die die Arbeitgeber von den Arbeitnehmern erwarten und fordern. Sie reichen von der Teamfähigkeit und Selbstständigkeit bis zur Kritikfähigkeit.

**Selbstständig**
sind die Personen, die ein eigenes Unternehmen führen. In den meisten Fällen sind sie Arbeitgeber.

**Simulation**
meint das Nachspielen bestimmter Situationen und Vorgänge wie z. B. ein Vorstellungsgespräch.

**Singles**
sind alleinstehende Frauen oder Männer ohne Kinder. Man bezeichnet sie auch als Einpersonenhaushalte.

**Soziale Marktwirtschaft**
fördert den freien Wettbewerb, gibt aber auch Hilfen, um unzumutbare Härten zu vermeiden.

**Soziale Sicherung**
beinhaltet alle Maßnahmen des Staates, um seinen Bürgern ein menschenwürdiges Leben zu ermöglichen.

**Sozialversicherung**
umfasst die fünf gesetzlich festgelegten Versicherungen: die Renten-, Kranken-, Unfall-, Arbeitslosen und Pflegeversicherung.

**Sozialversicherungsabgaben**
sind durch Gesetz festgelegte Abgaben für die Renten-, Kranken-, Pflege- und Arbeitslosenversicherung, die sich Arbeitgeber und Arbeitnehmer nach der aktuellen Gesetzgebung teilen. Die Kosten für die Unfallversicherung trägt der Arbeitgeber alleine.

**Sparen**
bedeutet Geld anzusammeln, um sich später dafür etwas Bestimmtes kaufen oder leisten zu können.

**Stammkunden**
kaufen immer im selben Geschäft, Kaufhaus oder auch Supermarkt ein.

**Steuern**
sind Abgaben an den Staat, mit denen dieser seine Aufgaben finanziert. Man unterscheidet zwischen direkten und indirekten Steuern.

**Streik**
bedeutet, dass die Arbeitnehmer ihre Arbeit vorübergehend niederlegen, um höhere Löhne oder bessere Arbeitsbedingungen zu erreichen.

**Stress**
empfindet man immer dann, wenn man durch die zu erledigenden Anforderungen oder Aufgaben überfordert wird oder sich auch nur überfordert fühlt. Er kann zu schweren gesundheitlichen Schäden führen.

**Tarifautonomie**
bedeutet, dass sich der Staat nicht in die Arbeitskämpfe oder Tarifverhandlungen der Tarifpartner (Gewerkschaften und Arbeitgeberverbände) einmischen darf.

**Tarifpartner**
sind die Arbeitgeberverbände und die Gewerkschaften.

**Tarifverträge**
sind Vereinbarungen über die Lohn- und Arbeitsbedingungen zwischen den Arbeitgebern und Arbeitnehmern. Sie werden zwischen ihren Vertretern (Gewerkschaften und Arbeitgeberverbänden) ausgehandelt. Sie gelten immer nur für eine bestimmte Zeit.

**Teamarbeit**
bedeutet, bei der Lösung einer Aufgabe oder Arbeit mit Einzelnen oder einer Gruppe von Menschen zusammenzuarbeiten.

**Technischer Fortschritt**
ist die Tatsache, dass Waren, Gegenstände, Geräte und Maschinen durch immer neue Erfindungen verbessert werden.

**Umschulung**
meint eine Ausbildung in einem neuen Beruf, weil der bisherige nicht mehr ausgeübt werden kann.

**Unfallstatistik**
sammelt alle Unfälle und ordnet sie nach Unfallursachen und Unfallhäufigkeit.

**Urproduktion**
kennzeichnet die Erzeugung von Rohstoffen wie Getreide, Milch, Fleisch oder Pflanzen, aber auch die Förderung von Kohle und anderen Bodenschätzen.

**Verdienst**
ist das erhaltene Geld für eine Arbeit oder Dienstleistung.

**Verfügbares Einkommen**
ist das Geld, das vom Nettoeinkommen nach Abzug der festen Kosten und eventueller Rücklagen ausgegeben werden kann.

**Verfügbarkeit**
bedeutet die Möglichkeit, über die Verwendung des eigenen Geldes oder eigenen Gegenstandes weitgehend frei verfügen zu können.

**Vermarktung**
bezeichnet alle Maßnahmen, die eine Firma unternimmt, damit ihre Waren oder Dienstleistungen gekauft werden.

**Verschuldung**
ist die Tatsache, dass Familien, Gemeinden oder auch der Staat so viele Schulden machen, dass das vorhandene Geld wegen der Rückzahlungen und der Zinsen nicht mehr für lebensnotwendige Aufgaben ausreicht.

**Vertrag**
ist eine Vereinbarung oder Abmachung zwischen zwei oder auch mehreren Personen.

**Vollbeschäftigung**
wird dann erreicht, wenn für jeden Arbeitsuchenden ein Arbeitsplatz zur Verfügung steht.

**Volljährig**
ist man, wenn man das 18. Lebensjahr vollendet hat.

**Warenkorb**
bezeichnet eine statistische Zusammenstellung der Preis- und Kostenentwicklung von Waren und Dienstleistungen zur Ermittlung der Lebenshaltungskosten und zur Feststellung der Inflationsrate.

**Werbung**
sind alle Maßnahmen, die von Herstellern oder Händlern genutzt werden, um ihre Produkte bekannt zu machen und zu verkaufen.

**Wertpapiere**
sind Aktien, Pfandbriefe und Schuldverschreibungen, die man an der Börse kaufen und verkaufen kann.

**Widerrufsrecht**
ist die Möglichkeit z.B. der Onlinekäufer, die erhaltene Ware ohne Angabe von Gründen innerhalb von 14 Tagen zurückzuschicken.

**Wirtschaft**
umfasst die Herstellung, die Nutzung und den Verbrauch aller Waren und Dienstleistungen. Sie funktioniert nur durch den Tausch von Arbeit gegen Geld, Waren gegen Geld und Dienstleistungen gegen Geld.

**Wirtschaften**
mit Geld heißt, Einnahmen und Ausgaben zu planen, Vor- und Nachteile bei Käufen abzuwägen und zu versuchen, möglichst preiswert einzukaufen.

**Wirtschaftswachstum**
heißt, dass im Vergleich zum vergangenen Zeitraum im neuen mehr Güter und Dienstleistungen produziert wurden.

**Zertifikate**
sind amtliche Bescheinigungen von Leistungen, die häufig durch Prüfungen nachgewiesen wurden.

**Zielkauf**
beschreibt ein Kaufverhalten, bei dem man vorher genau überlegt, was man wann, wo und wie teuer kauft.

**Zinsgleitklausel**
bedeutet, dass der Zins für einen Kredit nicht für die Kreditdauer festgelegt ist, sondern sich nach den Bedingungen des Geldmarktes ändern kann.

**Zulagen/Zuschläge**
sind besondere Zahlungen des Arbeitgebers an die Arbeitnehmer für besondere Arbeitsbelastungen.

# Übersicht Ablaufskizzen

# Bildquellenverzeichnis

## Fotos und Schaubilder

**akg images, Berlin:** S. 58 o. l. und u. l., S. 59 o. l. und u. l., S. 60, 65 M., S. 66, 67 M.
**Baloncici – Fotolia.com:** S. 43 r.
**Behrla/Nöhrbaß GbR, Foto Stephan, Köln:** S. 98 u. M., S. 143
**BilderBox:** S. 141
**Bundesagentur für Arbeit:** S. 111, 112
**derwolf/pixelio.de:** S. 73
**Deutscher Instituts-Verlag GmbH, Köln:** S.154 u.
**Deutsches Museum, München:** S. 42 Bild 1, 3, 4, S. 67 o.
**Dominique Ecken/Keystone:** S. 28 l.
**M. Drexler/L. Brünner, Nürnberg**: S. 40, S. 41
**Erich Schmidt Verlag, Berlin:** S. 100
**P. Ferstl, Regensburg:** S. 10 M. l., S. 12, S. 47, S. 50 u., S. 75, S. 82, S. 83, S. 95, S. 127, S. 136 u. l. und u. r., S. 151, S. 152, S. 162 u.
**Globus Infografik GmbH:** S. 18, S. 19, S. 90 u., S. 91, S. 154, S. 157, S. 162 o.
**Markus Hein/pixelio.de:** S. 9 o.
**S. Hofschlaeger/pixelio.de:** S. 10 o. l.
**E. Junkawitsch, Eschenbach:** S. 13 l., S. 24, S. 29 r., S. 109, S. 114 r., S. 116 u., S. 117 o., S. 118 l., S. 121, S. 122, S. 128, S. 136 o. r.
**G. Kohl, Eschenbach:** S. 101 o., S. 104 r.
**A. Krafcyk, Teunz:** S. 104 l.
**MEV Verlags GmbH, Augsburg:** Umschlagbild, S. 7, S. 8, S. 10 u. l., S. 11 r., S. 13 u. r., S. 15, S. 16 o. r. und u., S. 20 r., S. 21 l., o. r. und u. r., S. 28 r., S. 29 l., S. 32 u.l., S. 53, S. 57, S. 78, S. 81, S. 87, S. 89, S. 93, S. 94, S. 98 außer u. M., S. 99, S. 102, S. 105, S. 108 r., S. 114 l., S. 118 r., S. 126, S. 150, S. 155 l.
**Molkentin, Nürnberg:** S. 43 l.
**J. Moser, Amberg:** S. 10 M. r. und o.r, S. 21 M. r., S. 31, S. 32 r. und o. l., S. 33, S. 34, S. 36 l., S. 62, S. 64, S. 68, S. 80, S. 84, S. 86, S. 90 o., S. 92, S. 97, S. 124, S. 130, S. 133, S. 135, S. 137, S. 138, S. 139, S. 155 r., S. 158, S. 159
**G. Nußstein, Eschenbach:** S. 101 u.
**Pfaff Industrie Maschinen, Kaiserslautern:** S. 42 Bild 2, 5
**picture-alliance, Frankfurt/Main:** S. 11 l., S. 58 o. r. und u. r., S. 59 o. r. und u. r., S. 61, S. 63, S. 65 o. und u., S. 67 u., S. 69 o., S. 108, S. 113, S. 116 M.
**I. Schnell, Deinschwang:** S. 79 o. r.
**Stebchen/pixelio.de:** S. 32 u.M. .
**A. Stengel/G. Walther, Gersfeld:** S. 9 u., S. 45, S. 55, S. 56, S. 71, S. 125, S. 140, S. 142, S. 147
**B. Thurn, Eschenbach:** S. 13 o. r., S. 14, S. 16 o. l.
**ullstein bild, Berlin:** S. 69 u.
**M. Venus, Regensburg**: S. 10 u. r., S. 20 l., S. 36 r., S. 38, S. 39, S. 48, S. 50 o., S. 51, S. 52, S. 54, S. 79 l. und u. r., S. 136 o. l
**Verlagsarchiv:** S. 67 M., S. 117 u.

## Grafiken

Hendrik Kranenberg, Drolshagen
Hans-Hermann Kropf, Mönkebude
Mike Owen, Liverpool
Aleš Vrtal, Kemmern